LA PESANTEUR ET LA GRÂCE

SIMONE WEIL

TABLE DES MATIÈRES

Simone Weil	v
LA PESANTEUR ET LA GRÂCE	1
VIDE ET COMPENSATION	4
ACCEPTER LE VIDE	8
DÉTACHEMENT	10
L'IMAGINATION COMBLEUSE	13
RENONCEMENT AU TEMPS	15
DÉSIRER SANS OBJET	17
LE MOI	20
DÉCRÉATION	24
EFFACEMENT	30
LA NÉCESSITÉ ET L'OBÉISSANCE	32
ILLUSIONS	37
IDOLÂTRIE	43
AMOUR	45
LE MAL	50
LE MALHEUR	58
LA VIOLENCE	62
LA CROIX	64
BALANCE ET LEVIER	68
L'IMPOSSIBLE	70
CONTRADICTION	73
LA DISTANCE ENTRE LE NÉCESSAIRE ET LE BIEN	77
HASARD	79
CELUI QU'IL FAUT AIMER EST ABSENT	81
L'ATHÉISME PURIFICATEUR	84
L'ATTENTION ET LA VOLONTÉ	86
DRESSAGE	91
L'INTELLIGENCE ET LA GRÂCE	94
LECTURES	98
L'ANNEAU DE GYGES	100
LE SENS DE L'UNIVERS	102
METAXU	106

BEAUTÉ	108
ALGÈBRE	111
LA LETTRE SOCIALE...	113
LE GROS ANIMAL	116
ISRAËL	120
L'HARMONIE SOCIALE	123
MYSTIQUE DU TRAVAIL	128

SIMONE WEIL

(1909-1943)

Philosophe humaniste, juive d'origine convertie à « L'Amour du Christ » à l'âge de 27 ans, Simone Weil apparaît comme une mystique chrétienne dont la pensée, complexe et profonde, dépasse largement les clivages religieux et doctrinaires. Refusant d'être baptisée par l'Église Catholique, elle s'est en outre approprié le christianisme d'une manière très personnelle, rejetant la tyrannie de l'Ancien Testament et l'autoritarisme des institutions cléricales. Obsédée par l'égalité, sa philosophie, dont les pages qui suivent constituent une bonne introduction, se veut avant tout universelle.

Publié pour la première fois de façon posthume en 1947, ce recueil de pensées aborde différents thèmes tels que la violence, le malheur, le désir, la volonté ou bien encore le hasard.

LA PESANTEUR ET LA GRÂCE

Tous les mouvements *naturels* de l'âme sont régis par des lois analogues à celles de la pesanteur matérielle. La grâce seule fait exception.
Il faut toujours s'attendre à ce que les choses se passent conformément à la pesanteur, sauf intervention du surnaturel.
Deux forces règnent sur l'univers : lumière et pesanteur.
Pesanteur. - D'une manière générale, ce qu'on attend des autres est déterminé par les effets de la pesanteur en nous ; ce qu'on en reçoit est déterminé par les effets de la pesanteur en eux. Parfois cela coïncide (par hasard), souvent non.
Pourquoi est-ce que dès qu'un être humain témoigne qu'il a peu ou beaucoup besoin d'un autre, celui-ci s'éloigne ? Pesanteur.

Lear, tragédie de la pesanteur. Tout ce qu'on nomme bassesse est un phénomène de pesanteur. D'ailleurs le terme de bassesse l'indique.
L'objet d'une action et le niveau de l'énergie qui l'alimente, choses distinctes.
Il *faut* faire telle chose. Mais où puiser l'énergie ? Une action vertueuse peut abaisser s'il n'y a pas d'énergie disponible au même niveau.

Le bas et le superficiel sont au même niveau. Il aime violemment mais bassement : phrase possible. Il aime profondément mais bassement : phrase impossible.

S'il est vrai que la même souffrance est bien plus difficile à supporter par un

SIMONE WEIL

motif élevé que par un motif bas (les gens qui restaient debout, immobiles, de une à huit heures du matin pour avoir un œuf, l'auraient très difficilement fait pour sauver une vie humaine), une vertu basse est peut-être à certains égards mieux à l'épreuve des difficultés, des tentations et des malheurs qu'une vertu élevée. Soldats de Napoléon. De là l'usage de la cruauté pour maintenir ou relever le moral des soldats. Ne pas l'oublier par rapport à la défaillance.

C'est un cas particulier de la loi qui met généralement la force du côté de la bassesse. La pesanteur en est comme un symbole.

Queues alimentaires. Une même action est plus facile si le mobile est bas que s'il est élevé. Les mobiles bas enferment plus d'énergie que les mobiles élevés. Problème : comment transférer aux mobiles élevés l'énergie dévolue aux mobiles bas ?

Ne pas oublier qu'à certains moments de mes maux de tête, quand la crise montait, j'avais un désir intense de faire souffrir un autre être humain, en le frappant précisément au même endroit du front.

Désirs analogues, très fréquents parmi les hommes.

Plusieurs fois dans cet état, j'ai cédé du moins à la tentation de dire des mots blessants. Obéissance à la pesanteur. Le plus grand péché. On corrompt ainsi la fonction du langage, qui est d'exprimer les rapports des choses.

Attitude de supplication : nécessairement je dois me tourner vers autre chose que moi-même, puisqu'il s'agit d'être délivré de soi-même.

Tenter cette délivrance au moyen de ma propre énergie, ce serait comme une vache qui tire sur l'entrave et tombe ainsi à genoux.

Alors on libère en soi de l'énergie par une violence qui en dégrade davantage. Compensation au sens de la thermodynamique, cercle infernal dont on ne peut être délivré que d'en haut.

L'homme a la source de l'énergie morale à l'extérieur, comme de l'énergie physique (nourriture, respiration). Il la trouve généralement, et c'est pourquoi il a l'illusion - comme au physique - que son être porte en soi le principe de sa conservation. La privation seule fait sentir le besoin. Et, en cas de privation, il ne peut pas s'empêcher de se tourner vers *n'importe quoi* de comestible.

Un seul remède à cela : une chlorophylle permettant de se nourrir de lumière.

Ne pas juger. Toutes les fautes sont égales. Il n'y a qu'une faute : ne pas avoir la capacité de se nourrir de lumière. Car cette capacité étant abolie, toutes les fautes sont possibles.

« Ma nourriture est de faire la volonté de Celui qui m'envoie. »

Nul autre bien que cette capacité.

. . .

Descendre d'un mouvement où la pesanteur n'a aucune part... La pesanteur fait descendre, l'aile fait monter : quelle aile à la deuxième puissance peut faire descendre sans pesanteur ?

La création est faite du mouvement descendant de la pesanteur, du mouvement ascendant de la grâce et du mouvement descendant de la grâce à la deuxième puissance.

La grâce, c'est la loi du mouvement descendant.

S'abaisser, c'est monter à l'égard de la pesanteur morale. La pesanteur morale nous fait tomber vers le haut.

Un malheur trop grand met un être humain au-dessous de la pitié : dégoût, horreur et mépris.

La pitié descend jusqu'à un certain niveau, et non au-dessous. Comment la charité fait-elle pour descendre au-dessous ?

Ceux qui sont tombés si bas ont-ils pitié d'eux-mêmes ?

VIDE ET COMPENSATION

Mécanique humaine. Quiconque souffre cherche à communiquer sa souffrance - soit en maltraitant, soit en provoquant la pitié - afin de la diminuer, et il la diminue vraiment ainsi. Celui qui est tout en bas, que personne ne plaint, qui n'a le pouvoir de maltraiter personne (s'il n'a pas d'enfant ou d'être qui l'aime), sa souffrance reste en lui et l'empoisonne.

Cela est impérieux comme la pesanteur. Comment s'en délivre-t-on ? Comment se délivre-t-on de ce qui est comme la pesanteur ?

Tendance à répandre le mal hors de soi : je l'ai encore ! Les êtres et les choses ne me sont pas assez sacrés. Puissé-je ne rien souiller, quand je serais entièrement transformée en boue. Ne rien souiller même dans ma pensée. Même dans les pires moments je ne détruirais pas une statue grecque ou une fresque de Giotto, Pourquoi donc autre chose ? Pourquoi par exemple un instant de la vie d'un être humain qui pourrait être un instant heureux ?

Impossible de pardonner à qui nous a fait du mal, si ce mal nous abaisse. Il faut penser qu'il ne nous a pas abaissés, mais a révélé notre vrai niveau.

Désir de voir autrui souffrir ce qu'on souffre, exactement. C'est pourquoi, sauf dans les périodes d'instabilité sociale, les rancunes des misérables se portent sur leurs pareils.

C'est là un facteur de stabilité sociale.

. . .

Tendance à répandre la souffrance hors de soi. Si, par excès de faiblesse, on ne peut ni provoquer la pitié ni faire du mal à autrui, on fait du mal à *la représentation de l'univers en soi*.
Toute chose belle et bonne est alors comme une injure.

Faire du mal à autrui, c'est en recevoir quelque chose. Quoi ? Qu'a-t-on gagné (et qu'il faudra repayer) quand on a fait du mal ? On s'est accru. On est étendu. On a comblé un vide en soi en le créant chez autrui.
Pouvoir faire impunément du mal à autrui - par exemple passer sa colère sur un inférieur et qu'il soit forcé de se taire - c'est s'épargner une dépense d'énergie, dépense que l'autre doit assumer. De même pour la satisfaction illégitime d'un désir quelconque. L'énergie qu'on économise ainsi est aussitôt dégradée.

Pardonner. On ne peut pas. Quand quelqu'un nous a fait du mal, il se crée en nous des réactions. Le désir de la vengeance est un désir d'équilibre essentiel. Chercher l'équilibre sur un autre plan. Il faut aller par soi-même jusqu'à cette limite. Là on touche le vide. (Aide-toi, le ciel t'aidera...)
Maux de tête. À tel moment : moindre douleur en la projetant dans l'univers, mais univers altéré ; douleur plus vive, une fois ramenée à son lieu, mais quelque chose en moi ne souffre pas et reste en contact avec un univers non altéré. Agir de même avec les passions. Les faire descendre, les ramener à un point, et s'en désintéresser. Traiter ainsi notamment toutes les douleurs. Les empêcher d'approcher les choses.
La recherche de l'équilibre est mauvaise parce quelle est imaginaire. La vengeance. Même si en fait on tue ou torture son ennemi c'est, en un sens, imaginaire.

L'homme qui vivait pour sa cité, sa famille, ses amis, pour s'enrichir, pour accroître sa situation sociale, etc. - une guerre, et on l'emmène comme esclave, et dès lors, pour toujours, il doit s'épuiser à l'extrême limite de ses forces, simplement pour exister.
Cela est affreux, impossible, et c'est pourquoi il ne se présente pas devant lui de fin si misérable qu'il ne s'y accroche, ne serait-ce que de faire punir l'esclave qui travaille à ses côtés. Il n'a plus le choix des fins. N'importe laquelle est comme une branche pour qui se noie.

Ceux dont on avait détruit la cité et qu'on emmenait en esclavage n'avaient plus ni passé ni avenir : de quel objet pouvaient-ils emplir leur pensée ? De mensonges et des plus infimes, des plus pitoyables convoitises, prêts peut-être davantage à risquer la crucifixion pour voler un poulet qu'auparavant la mort dans le combat pour défendre leur ville. Sûrement même, ou bien ces supplices affreux n'auraient pas été nécessaires.

Ou bien il fallait pouvoir supporter le vide dans la pensée.

Pour avoir la force de contempler le malheur quand on est malheureux, il faut le pain surnaturel.

Le mécanisme par lequel une situation trop dure abaisse est que l'énergie fournie par les sentiments élevés est - généralement - limitée ; si la situation exige qu'on aille plus loin que cette limite, il faut avoir recours à des sentiments bas (peur, convoitises, goût du record, des honneurs extérieurs) plus riches en énergie.

Cette limitation est la clef de beaucoup de retournements.

Tragédie de ceux qui, s'étant portés par amour du bien, dans une voie où il y a à souffrir, arrivent au bout d'un temps donné à leur limite et s'avilissent.

Pierre sur le chemin. Se jeter sur la pierre, comme si, à partir d'une certaine intensité de désir, elle devait ne plus exister. Ou s'en aller comme si soi-même on n'existait pas.

Le désir enferme de l'absolu et s'il échoue (une fois l'énergie épuisée), l'absolu se transfère sur l'obstacle. État d'âme des vaincus, des opprimés.

Saisir (en chaque chose) qu'il y a une limite et qu'on ne la dépassera pas sans aide surnaturelle (ou alors de très peu) et en le payant ensuite par un terrible abaissement.

L'énergie libérée par la disparition d'objets qui constituaient des mobiles tend toujours à aller plus bas.

Les sentiments bas (envie, ressentiment) sont de l'énergie dégradée.

Toute forme de récompense constitue une dégradation d'énergie.

Le contentement de soi après une bonne action (ou une oeuvre d'art) est une dégradation d'énergie supérieure. C'est pourquoi la main droite doit ignorer...

Une récompense purement imaginaire (un sourire de Louis XIV) est l'équivalent exact de ce qu'on a dépensé, car elle a exactement la valeur de ce qu'on a dépensé - contrairement aux récompenses réelles qui, comme telles, sont au-dessus ou au-dessous. Aussi *les avantages imaginaires* seuls fournissent l'énergie pour des efforts illimités. Mais il faut que Louis XIV sourie vraiment ; s'il ne souriait pas, privation indicible. Un roi ne peut payer que des récompenses la plupart du temps imaginaires, ou bien il serait insolvable.

Équivalent dans la religion à un certain niveau.

Faute de recevoir le sourire de Louis XIV, on se fabrique un Dieu qui nous sourit.

Ou encore on se loue soi-même. Il faut une récompense équivalente. Inévitable comme la pesanteur.

Un être aimé qui déçoit. Je lui ai écrit. Impossible qu'il ne me réponde pas ce que je me suis dit à moi-même en son nom.

Les hommes nous doivent ce que nous imaginons qu'ils nous donneront. Leur remettre cette dette.

Accepter qu'ils soient autres que les créatures de notre imagination, c'est imiter le renoncement de Dieu.

Moi aussi, je suis autre que ce que je m'imagine être. Le savoir, c'est le pardon.

ACCEPTER LE VIDE

« Nous croyons par tradition au sujet des dieux, et nous voyons par expérience au sujet des hommes que toujours, par une nécessité de nature, tout être exerce tout le pouvoir dont il dispose » (Thucydide). Comme du gaz, l'âme tend à occuper la totalité de l'espace qui lui est accordé. Un gaz qui se rétracterait et laisserait du vide, ce serait contraire à la loi d'entropie. Il n'en est pas ainsi du Dieu des chrétiens. C'est un Dieu *surnaturel* au lieu que Jéhovah est un Dieu *naturel*.

Ne pas exercer tout le pouvoir dont on dispose, c'est supporter le vide. Cela est contraire à toutes les lois de la nature : la grâce seule le peut.

La grâce comble, mais elle ne peut entrer que là où il y a un vide pour la recevoir, et c'est elle qui fait ce vide.

Nécessité d'une récompense, de recevoir l'équivalent de ce qu'on donne. Mais si, faisant violence à cette nécessité, on laisse un vide, il se produit comme un appel d'air, et une récompense surnaturelle survient. Elle ne vient pas si on a un autre salaire : ce vide la fait venir.

De même pour la remise des dettes (ce qui ne concerne pas seulement le mal que les autres nous ont fait, mais le bien qu'on leur a fait). Là encore on accepte un vide en soi-même.

Accepter un vide en soi-même, cela est surnaturel. Où trouver l'énergie pour un acte sans contrepartie ? L'énergie doit venir d'ailleurs. Mais pourtant, il faut d'abord un arrachement, quelque chose de désespéré, que d'abord un vide se produise. Vide : nuit obscure.

L'admiration, la pitié (le mélange des deux surtout) apportent une énergie réelle. Mais il faut s'en passer.

Il faut être un temps sans récompense, naturelle ou surnaturelle.

Il faut une représentation du monde où il y ait du vide, afin que le monde ait besoin de Dieu. Cela suppose le mal.

Aimer la vérité signifie supporter le vide, et par suite accepter la mort. La vérité est du côté de la mort.

L'homme n'échappe aux lois de ce monde que la durée d'un éclair. Instants d'arrêt, de contemplation, d'intuition pure, de vide mental, d'acceptation du vide moral. C'est par ces instants qu'il est capable de surnaturel.

Qui supporte un moment le vide, ou reçoit le pain surnaturel, ou tombe. Risque terrible, mais il faut le courir, et même un moment sans espérance. Mais il ne faut pas s'y jeter.

DÉTACHEMENT

Pour atteindre le détachement total, le malheur ne suffit pas. Il faut un malheur sans consolation. Il ne faut pas avoir de consolation. Aucune consolation représentable. La consolation ineffable descend alors.

Remettre les dettes. Accepter le passé, sans demander de compensation à l'avenir. Arrêter le temps à l'instant. C'est aussi l'acceptation de la mort.

« Il s'est vidé de sa divinité. » Se vider du monde. Revêtir la nature d'un esclave. Se réduire au point qu'on occupe dans l'espace et dans le temps. À rien.

Se dépouiller de la royauté imaginaire du monde. Solitude absolue. Alors on a la vérité du monde.

Deux manières de renoncer aux biens matériels
S'en priver en vue d'un bien spirituel.
Les concevoir et les sentir comme conditions de biens spirituels (exemple : la faim, la fatigue, l'humiliation obscurcissent l'intelligence et gênent la méditation) et néanmoins y renoncer.
Cette deuxième espèce de renoncement est seule nudité d'esprit.
Bien plus, les biens matériels seraient à peine dangereux s'ils apparaissaient seuls et non liés à des biens spirituels.

Renoncer à tout ce qui n'est pas la grâce et ne pas désirer la grâce.
L'extinction du désir (bouddhisme) ou le détachement - ou *l'amor fati* - ou le désir du bien absolu, c'est toujours la même chose : vider le désir, la finalité de tout contenu, désirer à vide, désirer sans souhait.

Détacher notre désir de tous les biens et attendre. L'expérience prouve que cette attente est comblée. On touche alors le bien absolu.

En tout, par-delà l'objet particulier quel qu'il soit, vouloir à vide, vouloir le vide. Car c'est un vide pour nous que ce bien que nous ne pouvons ni nous représenter ni définir. Mais ce vide est plus plein que tous les pleins.

Si on arrive là, on est tiré d'affaire, car Dieu comble le vide. Il ne s'agit nullement d'un processus intellectuel, au sens où nous l'entendons aujourd'hui. L'intelligence n'a rien à trouver, elle a à déblayer. Elle n'est bonne qu'aux tâches serviles.

Le bien est pour nous un néant puisque aucune chose n'est bonne. Mais ce néant n'est pas irréel. Tout ce qui existe, comparé à lui, est irréel.

Écarter les croyances combleuses de vides, adoucisseuses des amertumes. Celle à l'immortalité. Celle à l'utilité des péchés : *etiam peccata*. Celle à l'ordre providentiel des événements – bref les « consolations » qu'on recherche ordinairement dans la religion.

Aimer Dieu à travers la destruction de Troie et de Carthage, et sans consolation. L'amour n'est pas consolation, il est lumière.

La réalité du monde est faite par nous de notre attachement. C'est la réalité du moi transportée par nous dans les choses. Ce n'est nullement la réalité extérieure. Celle-ci n'est perceptible que par le détachement total. Ne restât-il qu'un fil, il y a encore attachement.

Le malheur qui contraint à porter l'attachement sur des objets misérables met à nu le caractère misérable de l'attachement. Par là, la nécessité du détachement devient plus claire.

L'attachement est fabricateur d'illusions, et quiconque veut le réel doit être détaché.

Dès qu'on sait que quelque chose est réel, on ne peut plus y être attaché.

L'attachement n'est pas autre chose que l'insuffisance dans le sentiment de la réalité. On est attaché à la possession d'une chose parce qu'on croit que si on cesse de la posséder, elle cesse d'être. Beaucoup de gens ne sentent pas avec toute leur âme qu'il y a une différence du tout au tout entre l'anéantissement d'une ville et leur exil irrémédiable hors de cette ville.

La misère humaine serait intolérable si elle n'était diluée dans le temps.

Empêcher qu'elle se dilue *pour* qu'elle soit intolérable.

« Et quand ils se furent rassasiés de larmes » *(Iliade)* – encore un moyen de rendre la pire souffrance tolérable.

Il ne faut pas pleurer pour ne pas être consolé.

. . .

Toute douleur qui ne détache pas est de la douleur perdue. Rien de plus affreux, froid désert, âme recroquevillée. Ovide. Esclaves de Plaute.

Ne jamais penser à une chose ou à un être qu'on aime et qu'on n'a pas sous les yeux sans songer que peut-être cette chose est détruite ou que cet être est mort.
  Que cette pensée ne dissolve pas le sentiment de la réalité, mais le rende plus intense.
  Chaque fois qu'on dit : « Que ta volonté soit faite », se représenter dans leur ensemble tous les malheurs possibles.

Deux manières de se tuer : suicide ou détachement.
  Tuer par la pensée tout ce qu'on aime : seule manière de mourir. Mais seulement ce qu'on aime. (Celui qui ne hait pas son père, sa mère... Mais : aimez vos ennemis...)

Ne pas désirer que ce qu'on aime soit immortel. Devant un être humain, quel qu'il soit, ne le désirer ni immortel ni mort.

L'avare, par désir de son trésor, s'en prive. Si l'on peut mettre tout son bien dans une chose cachée dans la terre, pourquoi pas en Dieu ?
  Mais quand Dieu est devenu aussi plein de signification que le trésor pour l'avare, se répéter fortement qu'il n'existe pas. Éprouver qu'on l'aime, même s'il n'existe pas.
  C'est lui qui, par l'opération de la nuit obscure, se retire afin de ne pas être aimé comme un trésor par un avare.

Electre pleurant Oreste mort. Si on aime Dieu en pensant qu'il n'existe pas, il manifestera son existence.

L'IMAGINATION COMBLEUSE

L'imagination travaille continuellement à boucher toutes les fissures par où passerait la grâce.

Tout vide (non accepté) produit de la haine, de l'aigreur, de l'amertume, de la rancune. Le mal qu'on souhaite à ce qu'on hait, et qu'on imagine, rétablit l'équilibre.

Les miliciens du « Testament espagnol » qui inventaient des victoires pour supporter de mourir, exemple de l'imagination combleuse de vide. Quoiqu'on ne doive rien gagner à la victoire, on supporte de mourir pour une cause qui sera victorieuse, non pour une cause qui sera vaincue. Pour quelque chose d'absolument dénué de force, ce serait surhumain (disciples du Christ). La pensée de la mort appelle un contrepoids, et ce contrepoids - la grâce mise à part - ne peut être qu'un mensonge.

L'imagination combleuse de vides est essentiellement menteuse. Elle exclut la troisième dimension, car ce sont seulement les objets réels qui sont dans les trois dimensions. Elle exclut les rapports multiples.

Essayer de définir les choses qui, tout en se produisant effectivement, restent en un sens imaginaires. Guerre. Crimes. Vengeances. Malheur extrême.

Les crimes, en Espagne, se commettaient effectivement et pourtant ressemblaient à de simples vantardises.

Réalités qui n'ont pas plus de dimensions que le rêve.

Dans le mal, comme dans le rêve, il n'y a pas de lectures multiples. D'où la simplicité des criminels.

Crimes plats comme des rêves des deux côtés : côté du bourreau et côté de la victime. Quoi de plus affreux que de mourir dans un cauchemar ?

Compensations. Marius imaginait la vengeance future. Napoléon songeait à la postérité. Guillaume II désirait une tasse de thé. Son imagination n'était pas assez fortement accrochée à la puissance pour traverser les années : elle se tournait vers une tasse de thé.

Adoration des grands par le peuple au XVIIe siècle (La Bruyère). C'était un effet de l'imagination combleuse de vides, effet évanoui depuis que l'argent s'y est substitué. Deux effets bas, mais l'argent plus encore.

Dans n'importe quelle situation, si on arrête l'imagination combleuse, il y a vide (pauvres en esprit).

Dans n'importe quelle situation (mais, dans certaines, au prix de quel abaissement !) l'imagination peut combler le vide. C'est ainsi que les êtres moyens peuvent être prisonniers, esclaves, prostituées, et traverser n'importe quelle souffrance sans purification.

Continuellement suspendre en soi-même le travail de l'imagination combleuse de vides.

Si on accepte n'importe quel vide, quel coup du sort peut empêcher d'aimer l'univers ?

On est assuré que, quoi qu'il arrive, *l'univers est plein*.

RENONCEMENT AU TEMPS

Le temps est une image de l'éternité, mais c'est aussi un ersatz de l'éternité.

L'avare à qui on a pris son trésor. C'est du passé gelé qu'on lui enlève. Passé et avenir, les seules richesses de l'homme.

Avenir combleur de vides. Parfois aussi le passé joue ce rôle (j'étais, j'ai fait...) Dans d'autres cas, le malheur rend la pensée du bonheur intolérable ; il prive alors le malheureux de son passé *(nessum maggior dolore...)*.

Le passé et l'avenir entravent l'effet salutaire de malheur en fournissant un champ illimité pour des élévations imaginaires. C'est pourquoi le renoncement au passé et à l'avenir est le premier des renoncements.

Le présent ne reçoit pas la finalité. L'avenir non plus, car il est seulement ce qui sera présent. Mais on ne le sait pas. Si on porte sur le présent la pointe de ce désir en nous qui correspond à la finalité, elle perce à travers jusqu'à l'éternel.

C'est là l'usage du désespoir qui détourne de l'avenir.

Quand on est déçu par un plaisir qu'on attendait et qui vient, la cause de la déception, c'est qu'on attendait de l'avenir. Et une fois qu'il est là, c'est du présent. Il faudrait que l'avenir fût là sans cesser d'être l'avenir. Absurdité dont seule l'éternité guérit.

Le temps et la caverne. Sortir de la caverne, être détaché consiste à ne plus s'orienter vers l'avenir.

. . .

Un mode de purification : prier Dieu, non seulement en secret par rapport aux hommes, mais en pensant que Dieu n'existe pas.

Piété à l'égard des morts : tout faire pour ce qui n'existe pas.

La douleur de la mort d'autrui, c'est cette douleur du vide, du déséquilibre. Efforts désormais sans objet, donc sans récompense. Si l'imagination y supplée, abaissement. « Laisse les morts enterrer leurs morts. » Et sa propre mort, n'en est-il pas de même ? L'objet, la récompense sont dans l'avenir. Privation d'avenir, vide, déséquilibre. C'est pourquoi «philosopher, c'est apprendre à mourir ». C'est pourquoi « prier est comme une mort ».

Quand la douleur et l'épuisement arrivent au point de faire naître dans l'âme le sentiment de la perpétuité ; en contemplant cette perpétuité avec acceptation et amour, on est arraché jusqu'à l'éternité.

DÉSIRER SANS OBJET

La purification est la séparation du bien et de la convoitise.
   Descendre à la source des désirs pour arracher l'énergie à son objet. C'est là que les désirs sont vrais en tant qu'énergie. C'est l'objet qui est faux. Mais arrachement indicible dans l'âme à la séparation d'un désir et de son objet.

Si l'on descend en soi-même, on trouve qu'on possède exactement ce qu'on désire.
   Si l'on désire tel être (mort), on désire un être particulier, limité ; c'est donc nécessairement un mortel, et on désire cet être-là, cet être qui... que... etc., bref, cet être qui est mort, tel jour, à telle heure. Et on l'a — mort.
   Si on désire de l'argent, on désire une monnaie (institution), quelque chose qui ne peut être acquis que dans telle ou telle condition, donc on ne le désire que dans la mesure où... Or, dans cette mesure, on l'a.

La souffrance, le vide sont en de tels cas le mode d'existence des objets du désir. Qu'on écarte le voile d'irréalité et on verra qu'ils nous sont donnés ainsi.
   Quand on le voit, on souffre encore, mais on est heureux.

Arriver à savoir exactement ce qu'a perdu l'avare à qui on a volé son trésor ; on apprendrait beaucoup.
   Lauzun et la charge de capitaine de mousquetaires. Il aimait mieux être prisonnier et capitaine de mousquetaires que libre et non capitaine.
   Ce sont des vêtements. « Ils eurent honte d'être nus. »

* * *

Perdre quelqu'un : on souffre que le mort, l'absent soit devenu de l'imaginaire, du faux. Mais le désir qu'on a de lui n'est pas imaginaire. Descendre en soi-même, où réside le désir qui n'est pas imaginaire. Faim : on imagine des nourritures, mais la faim elle-même est réelle :se saisir de la faim. La présence du mort est imaginaire mais son absence est bien réelle; elle est désormais sa manière d'apparaître.

Il ne faut pas chercher le vide, car ce serait tenter Dieu que de compter sur le pain surnaturel pour le combler.
Il ne faut pas non plus le fuir.

Le vide est la plénitude suprême, mais l'homme n'a pas le droit de le savoir. La preuve est que le Christ lui-même l'a ignoré complètement, un moment. Une partie de moi doit le savoir, mais les autres non, car si elles le savaient à leur basse manière, il n'y aurait plus de vide.
Le Christ a eu toute la misère humaine, sauf le péché. Mais il a eu tout ce qui rend l'homme capable de péché. Ce qui rend l'homme capable de péché, c'est le vide. Tous les péchés sont des tentatives pour combler des vides. Ainsi ma vie pleine de souillures est proche de la sienne parfaitement pure, et de même pour les vies beaucoup plus basses. Si bas que je tombe, je ne m'éloignerai pas beaucoup de lui. Mais cela, si je tombe, je ne pourrai plus le savoir.

Poignée de main d'un ami revu après une longue absence. Je ne remarque même pas si c'est pour le sens du toucher un plaisir ou une douleur : comme l'aveugle sent directement les objets au bout de son bâton, je sens directement la présence de l'ami. De même les circonstances de la vie, quelles qu'elles soient, et Dieu.
Cela implique qu'il ne faut jamais chercher une consolation à la douleur. Car la félicité est au-delà du domaine de la consolation et de la douleur. Elle est perçue avec un autre sens, comme la perception des objets au bout d'un bâton ou d'un instrument est autre que le toucher proprement dit. Cet autre sens se forme par le déplacement de l'attention au moyen d'un apprentissage où l'âme tout entière et le corps participent.
C'est pourquoi dans l'Évangile : « Je vous dis que ceux-là ont reçu leur salaire. » Il ne faut pas de compensation. C'est le vide dans la sensibilité qui porte au-delà de la sensibilité.

Reniement de saint Pierre. Dire au Christ : je te resterai fidèle, c'est déjà le renier, car c'était supposer en soi et non dans la grâce la source de la fidélité. Heureusement, comme il était élu, ce reniement est devenu manifeste pour tous et pour lui. Chez combien d'autres, de telles vantardises s'accomplissent - et ils ne comprennent jamais.

Il était difficile d'être fidèle au Christ. C'était une fidélité à *vide*. Bien plus facile d'être fidèle jusqu'à la mort à Napoléon. Bien plus facile pour les martyrs, plus tard, d'être fidèles, car il y avait déjà l'Église, une force, avec des promesses temporelles. On meurt pour ce qui est fort, non pour ce qui est faible, ou du moins pour ce qui, étant momentanément faible, garde une auréole de force. La fidélité à Napoléon à Sainte-Hélène n'était pas une fidélité à vide. Mourir pour ce qui est fort fait perdre à la mort son amertume. Et, en même temps, tout son prix.

Supplier un homme, c'est une tentative désespérée pour faire passer à force d'intensité son propre système de valeurs dans l'esprit d'un autre. Supplier Dieu, c'est le contraire : tentative pour faire passer les valeurs divines dans sa propre âme. Loin de penser le plus intensément qu'on peut les valeurs auxquelles on est attaché, c'est un vide intérieur.

LE MOI

Nous ne possédons rien au monde - car le hasard peut tout nous ôter - sinon le pouvoir de dire je. C'est cela qu'il faut donner à Dieu, c'est-à-dire détruire. Il n'y a absolument aucun autre acte libre qui nous soit permis, sinon la destruction du je.

Offrande : on ne peut pas offrir autre chose que le je, et tout ce qu'on nomme offrande n'est pas autre chose qu'une étiquette posée sur une revanche du je.

Rien au monde ne peut nous enlever le pouvoir de dire je. Rien, sauf l'extrême malheur. Rien n'est pire que l'extrême malheur qui du dehors détruit le je, puisque dès lors on ne peut plus le détruire soi-même. Qu'arrive-t-il à ceux dont le malheur a détruit du dehors le je ? On ne peut se représenter pour eux que l'anéantissement à la manière de la conception athée ou matérialiste.

Qu'ils aient perdu le je, cela ne veut pas dire qu'ils n'aient plus d'égoïsme. Au contraire. Certes, cela arrive quelquefois, quand il se produit un dévouement de chien. Mais d'autres fois l'être est au contraire réduit à l'égoïsme nu, végétatif. Un égoïsme sans je.

Pour peu qu'on ait commencé le processus de destruction du je, on peut empêcher qu'aucun malheur fasse du mal. Car le je n'est pas détruit par la pression extérieure sans une extrême révolte. Si on se refuse à cette révolte par amour pour Dieu, alors la destruction du je ne se produit pas du dehors, mais du dedans.

Douleur rédemptrice. Quand l'être humain est dans l'état de perfection, quand par le secours de la grâce, il a complètement détruit en lui-même le je, alors il tombe au degré de malheur qui correspondrait pour lui à la destruction du je par l'extérieur, c'est là la plénitude de la croix. Le malheur ne peut plus en lui détruire le je, car le je en lui n'existe plus, ayant entièrement disparu et laissé la place à Dieu. Mais le malheur produit un effet équivalent, sur le plan de la perfection, à la destruction extérieure du je. Il produit l'absence de Dieu. « Mon Dieu, pourquoi m'as-tu abandonné ? »

Qu'est-ce que cette absence de Dieu produite par l'extrême malheur dans l'âme parfaite ? Quelle est cette valeur qui y est attachée et qu'on nomme douleur rédemptrice ?

La douleur rédemptrice est ce par quoi le mal a réellement la plénitude de l'être dans toute la mesure où il peut la recevoir.

Par la douleur rédemptrice, Dieu est présent dans le mal extrême. Car l'absence de Dieu est le mode de présence divine qui correspond au mal - l'absence ressentie. Celui qui n'a pas Dieu en lui ne peut pas en ressentir l'absence.

C'est la pureté, la perfection, la plénitude, l'abîme du mal. Tandis que l'enfer est un faux abîme (*cf.* Thibon). L'enfer est superficiel. L'enfer est du néant qui a la prétention et donne l'illusion d'être.

La destruction purement extérieure du je est douleur quasi infernale. La destruction extérieure à laquelle l'âme s'associe par amour est douleur expiatrice. La production d'absence de Dieu dans l'âme complètement vidée d'elle-même par amour est douleur rédemptrice.

Dans le malheur, l'instinct vital survit aux attachements arrachés et s'accroche aveuglément à tout ce qui peut lui servir de support, comme une plante accroche ses vrilles. La reconnaissance (sinon sous une forme basse), la justice ne sont pas concevables dans cet état. Esclavage. Il n'y a plus la quantité supplémentaire d'énergie qui sert de support au libre arbitre, au moyen de laquelle l'homme prend de la distance. Le malheur, sous cet aspect, est hideux comme l'est toujours la vie à nu, comme un moignon, comme le grouillement des insectes. La vie sans forme. Survivre est là l'unique attachement. C'est là que commence l'extrême malheur, quand tous les attachements sont remplacés par celui de survivre. L'attachement apparaît là à nu. Sans autre objet que soi-même. Enfer.

C'est par ce mécanisme que rien ne semble plus doux aux malheureux que la vie, alors même que leur vie n'est en rien préférable à la mort.

Dans cette situation, accepter la mort, c'est le détachement total.

Quasi-enfer sur terre. Le déracinement extrême dans le malheur.

L'injustice humaine fabrique généralement non pas des martyrs, mais des quasi-damnés. Les êtres tombés dans le quasi-enfer sont comme l'homme dépouillé et blessé par des voleurs. Ils ont perdu le vêtement du caractère.

La plus grande souffrance qui laisse subsister des racines est encore à une distance infinie du quasi-enfer.

Quand on rend service à des êtres ainsi déracinés et qu'on reçoit en échange des mauvais procédés, de l'ingratitude, de la trahison, on subit simplement une faible part de leur malheur. On a le devoir de s'y exposer, dans une mesure limitée, comme on a le pouvoir de s'exposer au malheur. Quand cela se produit, on doit le supporter comme on supporte le malheur, sans rattacher cela à des personnes déterminées, car cela ne s'y rattache pas. Il y a quelque chose d'impersonnel dans le malheur quasi infernal comme dans la perfection.

Pour ceux dont le je est mort, on ne peut rien faire, absolument rien. Mais on ne sait jamais si, chez un être humain déterminé, le je est tout à fait mort ou seulement inanimé. S'il n'est pas tout à fait mort, l'amour peut le ranimer comme par une piqûre, mais seulement l'amour tout à fait pur, sans la moindre trace de condescendance, car la moindre nuance de mépris précipite vers la mort.

Quand le je est blessé du dehors, il a d'abord la révolte la plus extrême, la plus amère, comme un animal qui se débat. Mais dès que le je est à moitié mort, il désire être achevé et se laisse aller à l'évanouissement. Si alors une touche d'amour le réveille, c'est une douleur extrême et qui produit la colère et parfois la haine contre celui qui a provoqué cette douleur. De là chez les êtres déchus, ces réactions en apparence inexplicables de vengeance contre le bienfaiteur.

Il arrive aussi que chez le bienfaiteur l'amour ne soit pas pur. Alors le je, réveillé par l'amour recevant aussitôt une nouvelle blessure par le mépris, il surgit la haine la plus amère, haine légitime.

Celui chez qui le je est tout à fait mort au contraire, n'est aucunement gêné par l'amour qu'on lui témoigne. Il se laisse faire comme les chiens et les chats qui reçoivent de la nourriture, de la chaleur et des caresses et, comme eux, il est avide d'en recevoir le plus possible. Selon les cas, il s'attache comme un chien ou se laisse faire avec une espèce d'indifférence comme un chat. Il boit sans le moindre scrupule toute l'énergie de quiconque s'occupe de lui.

Par malheur, toute œuvre charitable risque d'avoir comme clients une majorité de gens sans scrupule ou surtout des êtres dont le je est tué.

Le je est d'autant plus vite tué que celui qui subit le malheur a un caractère plus faible. Plus exactement, le malheur limite, le malheur destructeur du je se situe plus ou moins loin suivant la trempe du caractère, et plus il se situe loin, plus on dit que le caractère est fort.

La situation plus ou moins éloignée de cette limite est - probablement un fait de nature comme la facilité pour les mathématiques, et celui qui, n'ayant aucune foi, est fier d'avoir gardé un « bon moral » dans des circonstances difficiles n'a pas plus raison que l'adolescent qui s'enorgueillit d'avoir de la facilité pour les mathématiques. Celui qui croit en Dieu court le danger d'une illusion plus grande encore, à savoir d'attribuer à la grâce ce qui est simplement un effet de nature essentiellement mécanique.

L'angoisse de l'extrême malheur est la destruction *extérieure* du je. Arnolphe, Phèdre, Lycaon. On a raison de se jeter à genoux, de supplier bassement, quand la mort violente qui va s'abattre doit tuer du dehors le je avant même que la vie soit détruite.

« Niobé aussi aux beaux cheveux a pensé à manger. » Cela est sublime à la manière de l'espace dans les fresques de Giotto.
  Une humiliation qui force à renoncer même au désespoir.

Le péché en moi dit « je ».
  Je suis tout. Mais ce « je » là est Dieu. Et ce n'est pas un je.
  Le mal fait la distinction, empêche que Dieu soit équivalent à tout.
  C'est ma misère qui fait que je suis je. C'est la misère de l'univers qui fait que, en un sens, Dieu est je (c'est-à-dire une personne).

Les Pharisiens étaient des gens qui comptaient sur leur propre force pour être vertueux.
  L'humilité consiste à savoir qu'en ce qu'on nomme « je » il n'y a aucune source d'énergie qui permette de s'élever.
  Tout ce qui est précieux en moi, sans exception, vient d'ailleurs que de moi, non pas comme don, mais comme prêt qui doit être sans cesse renouvelé. Tout ce qui est en moi, sans exception, e st absolument sans valeur ; et, parmi les dons venus d'ailleurs, tout ce que je m'approprie devient aussitôt sans valeur.

La joie parfaite exclut le sentiment même de joie, car dans l'âme emplie par l'objet, nul coin n'est disponible pour dire « je ».
  On n'imagine pas de telles joies quand elles sont absentes, ainsi le stimulant manque pour les chercher.

DÉCRÉATION

Décréation : faire passer du créé dans l'incréé.
Destruction : faire passer du créé dans le néant. Ersatz coupable de la décréation.

La création est un acte d'amour et elle est perpétuelle. À chaque instant notre existence est amour de Dieu pour nous. Mais Dieu ne peut aimer que soi-même. Son amour pour nous est amour pour soi à travers nous. Ainsi, lui qui nous donne l'être, il aime en nous le consentement à ne pas être.
Notre existence n'est faite que de son attente, de notre consentement à ne pas exister.
Perpétuellement, il mendie auprès de nous cette existence qu'il nous donne. Il nous la donne pour nous la mendier.

L'inflexible nécessité, la misère, la détresse, le poids écrasant du besoin et du travail qui épuise, la cruauté, les tortures la mort violente, la contrainte, la terreur, les maladies - tout cela c'est l'amour divin. C'est Dieu qui par amour se retire de nous afin que nous puissions l'aimer, Car si nous étions exposés au rayonnement direct de son amour, sans la protection de l'espace, du temps et de la matière, nous serions évaporés comme l'eau au soleil ; il n'y aurait pas assez de je en nous Pour abandonner le je par amour. La nécessité est l'écran mis entre Dieu et nous pour que nous puissions être. C'est à nous de percer l'écran pour cesser d'être.
Il existe une force « déifuge ». Sinon tout serait Dieu.
Il a été donné à l'homme une divinité imaginaire pour qu'il puisse s'en dépouiller comme le Christ de sa divinité réelle.

. . .

Renoncement. Imitation du renoncement de Dieu dans la création. Dieu renonce - en un sens – à être tout. Nous devons renoncer à être quelque chose. C'est le seul bien pour nous.

Nous sommes des tonneaux sans fond tant que nous n'avons pas compris que nous avons un fond.

Élévation et abaissement. Une femme qui se regarde dans un miroir et se pare ne sent pas la honte de réduire soi, cet être infini qui regarde toutes choses, à un petit espace. De même toutes les fois qu'on élève le moi (le moi social, psychologique, etc.) si haut qu'on l'élève, on se dégrade infiniment en se réduisant à n'être que cela. Quand le moi est abaissé (à moins que l'énergie ne tende à l'élever en désir), on sait qu'on n'y est pas cela.

Une très belle femme qui regarde son image au miroir peut très bien croire qu'elle est cela. Une femme laide sait qu'elle n'est pas cela.

Tout ce qui est saisi par les facultés naturelles est hypothétique. Seul l'amour surnaturel pose. Ainsi nous sommes cocréateurs.

Nous participons à la création du monde en nous décréant nous-mêmes.

On ne possède que ce à quoi on renonce. Ce à quoi on ne renonce pas nous échappe. En ce sens, on ne peut posséder quoi que ce soit sans passer par Dieu.

Communion catholique. Dieu ne s'est pas seulement fait une fois chair, il se fait tous les jours matière pour se donner à l'homme et en être consommé. Réciproquement, par la fatigue, le malheur, la mort, l'homme est fait matière et consommé par Dieu. Comment refuser cette réciprocité ?

Il s'est vidé de sa divinité. Nous devons nous vider de la fausse divinité avec laquelle nous sommes nés.

Une fois qu'on a compris qu'on n'est rien, le but de tous les efforts est de devenir rien. C'est à cette fin qu'on souffre avec acceptation, *c'est à cette fin qu'on agit*, c'est à cette fin qu'on prie.

Mon Dieu, accordez-moi de devenir rien.

À mesure que je deviens rien, Dieu s'aime à travers moi.

Ce qui est en bas ressemble à ce qui est en haut. Par à l'esclavage est une image de l'obéissance à Dieu, l'humiliation une image de l'humilité, la nécessité physique une image de la poussée irrésistible de la grâce, l'abandon des saints au jour le jour une image du morcellement du temps chez les criminels et les prostituées, etc.

À ce titre, il faut rechercher ce qui est le plus bas, à titre d'image.

Que ce qui en nous est bas aille vers le bas afin que ce qui est haut puisse aller en haut. Car nous sommes retournés. Nous naissons tels. Rétablir l'ordre, c'est défaire en nous la créature.

Retournement de l'objectif et du subjectif.

De même, retournement du positif et du négatif. C'est aussi le sens de la philosophie des Upanishads.

Nous naissons et vivons à contresens, car nous naissons et vivons dans le péché qui est un renversement de la hiérarchie. La première opération est le retournement. La conversion.

Si le grain ne meurt... Il doit mourir pour libérer l'énergie qu'il porte en lui afin qu'il s'en forme d'autres combinaisons.

De même nous devons mourir pour libérer l'énergie *attachée,* pour posséder une énergie libre susceptible d'épouser le vrai rapport des choses.

L'extrême difficulté que j'éprouve souvent à exécuter la moindre action est une faveur qui m'est faite. Car ainsi, avec des actions ordinaires et sans attirer l'attention, je peux couper des racines de l'arbre. Si détaché qu'on soit de l'opinion, les actions extraordinaires enferment un stimulant qu'on ne peut pas en ôter. Ce stimulant est tout à fait absent des actions ordinaires. Trouver une difficulté extraordinaire à faire une action ordinaire est une faveur dont il faut être reconnaissant. Il ne faut pas demander la disparition de cette difficulté ; il faut implorer la grâce d'en faire usage.

D'une manière générale, ne souhaiter la disparition d'aucune de ses misères, mais la grâce qui les transfigure.

Les souffrances physiques (et les privations) sont souvent pour les hommes courageux une épreuve d'endurance et de force d'âme. Mais il en est un meilleur usage. Qu'elles ne soient donc pas cela pour moi. Qu'elles soient un témoignage sensible de la misère humaine. Que je les subisse d'une manière entièrement passive. Quoi qu'il arrive, comment pourrais-je jamais trouver le malheur trop grand, puisque la morsure du malheur et l'abaissement auquel il condamne permettent la connaissance de la misère humaine, connaissance qui est la porte de toute sagesse ?

Mais le plaisir, le bonheur, la prospérité, si on sait y reconnaître ce qui vient du dehors (du hasard, des circonstances, etc.), témoignent aussi de la misère humaine. En faire aussi cet usage. Et même la grâce, en tant que phénomène sensible...

Etre rien pour être à sa vraie place dans le tout.

Le renoncement exige qu'on passe par des angoisses équivalentes à celles que causerait en réalité la perte de tous les êtres chers et de tous les biens, y compris les facultés et acquisitions dans l'ordre de l'intelligence et du caractère, les opinions et les croyances sur ce qui est bien et ce qui est stable, etc. Et tout cela il ne faut pas se l'ôter soi-même, mais le perdre - comme Job. Mais l'énergie ainsi coupée de son objet ne doit pas être gaspillée en oscillations, dégradée. L'angoisse doit donc être plus grande encore que dans le malheur réel, elle ne doit pas être morcelée au long du temps ni dirigée vers une espérance.

Quand la passion de l'amour va jusqu'à l'énergie végétative, alors on a des cas comme Phèdre, Arnolphe, etc. « Et je sens là dedans qu'il faudra que je crève... »

Hippolyte est vraiment plus nécessaire à la vie de Phèdre, au sens le plus littéral, que la nourriture.

Pour que l'amour de Dieu pénètre aussi bas, il faut que la nature ait subi la dernière violence. Job, croix...

L'amour de Phèdre, d'Arnolphe est impur. Un amour qui descendrait aussi bas et qui serait pur...

Devenir rien jusqu'au niveau végétatif ; c'est alors que Dieu devient du pain.

Si nous nous considérons à un moment déterminé - l'instant présent, coupé du passé et de l'avenir - nous sommes innocents. Nous ne pouvons être à cet instant que ce que nous sommes : tout progrès implique une durée. Il est dans l'ordre du monde, à cet instant, que nous soyons tels.

Isoler ainsi un instant implique le pardon. Mais cet isolement est détachement.

Il n'y a que deux instants de nudité et de pureté parfaites dans la vie humaine : la naissance et la mort. On ne peut adorer Dieu sous la forme humaine sans souiller la divinité que comme nouveau-né et comme agonisant.

Mort. État instantané, sans passé ni avenir. Indispensable pour l'accès à l'éternité.

Si on trouve la plénitude de la joie dans la pensée que Dieu est, il faut trouver la même plénitude dans la connaissance que soi-même on n'est pas, car c'est la même pensée. Et cette connaissance n'est étendue à la sensibilité que par la souffrance et la mort.

Joie en Dieu. Il y a réellement joie parfaite et infinie en Dieu. Ma participation ne peut rien ajouter, ma non-participation rien ôter à la réalité de cette joie parfaite et infinie. Dès lors, quelle importance que je doive y avoir part ou non ? Une importance nulle.

Ceux qui désirent leur salut ne croient pas vraiment à la réalité de la joie en Dieu.

La croyance à l'immortalité est nuisible parce qu'il n'est pas en notre pouvoir de nous représenter l'âme comme vraiment incorporelle. Ainsi cette croyance est en fait croyance au prolongement de la vie, et elle ôte l'usage de la mort.

Présence de Dieu. Cela doit s'entendre de deux façons. Pour autant qu'il est créateur, Dieu est présent en toute chose qui existe, dès lors qu'elle existe. La présence pour laquelle Dieu a besoin de la coopération de la créature, c'est la présence de Dieu, non pas pour autant qu'il est le Créateur, mais pour autant qu'il est l'Esprit. La première présence est la présence de création. La seconde est la présence de dé-création. (Celui qui nous a créés sans nous ne nous sauvera pas sans nous. Saint Augustin.)

Dieu n'a pu créer qu'en se cachant. Autrement il n'y aurait que lui.

La sainteté doit donc aussi être cachée, même à la conscience dans une certaine mesure. Et elle doit l'être dans le monde.

Etre et avoir. - L'homme n'a pas d'être, il n'a que de l'avoir. L'être de l'homme est situé derrière le rideau, du côté du surnaturel. Ce qu'il peut connaître de lui-même c'est seulement ce qui lui est prêté par les circonstances. *Je* est caché pour moi (et pour autrui) ; il est du côté de Dieu, il est en Dieu, il est Dieu. Être orgueilleux, c'est oublier qu'on est Dieu... Le rideau, c'est la misère humaine : il y avait un rideau même pour le Christ.

Job. Satan à Dieu : T'aime-t-il gratuitement ? Il s'agit du niveau de l'amour. L'amour est-il situé au niveau des brebis, des champs de blé, des nombreux enfants ? Ou plus loin, dans la troisième dimension, derrière ? Si profond que soit cet amour, il y a un moment de rupture où il succombe, et c'est le moment qui transforme, qui arrache du fini vers l'infini, qui rend *transcendant dans l'âme* l'amour de l'âme pour Dieu. C'est la mort de l'âme. Malheur à celui pour qui la mort du corps précède celle de l'âme ! L'âme qui n'est pas pleine d'amour meurt d'une mauvaise mort. Pourquoi faut-il qu'une telle mort tombe indistinctement ? Il le faut bien. Il faut que tout tombe indistinctement.

L'apparence colle à l'être et seule la douleur peut les arracher l'un de l'autre.

Quiconque a l'être ne peut avoir l'apparence. L'apparence enchaîne l'être.

Le cours du temps arrache le paraître de l'être et l'être du paraître, par violence. Le temps manifeste qu'il n'est pas l'éternité.

. . .

Il faut se déraciner. Couper l'arbre et en faire une croix, et ensuite la porter tous les jours.

Il ne faut pas être moi, mais il faut encore moins être nous.
    La cité donne le sentiment d'être chez soi.
    Prendre le sentiment d'être chez soi dans l'exil.
    Etre enraciné dans l'absence de lieu.

Se déraciner socialement et végétativement.
    S'exiler de toute patrie terrestre.
    Faire tout cela à autrui, du dehors, est de l'ersatz de décréation. C'est produire de l'irréel.
    Mais en se déracinant on cherche plus de réel.

EFFACEMENT

Dieu m'a donné l'être pour que je le lui rende. C'est comme une de ces épreuves qui ressemblent à des pièges et qu'on voit dans les contes et les histoires d'initiation. Si j'accepte ce don, il est mauvais et fatal ; sa vertu apparaît par le refus. Dieu me permet d'exister en dehors de lui. À moi de refuser cette autorisation.

L'humilité, c'est le refus d'exister en dehors de Dieu. Reine des vertus.

Le moi, ce n'est que l'ombre projetée par le péché et l'erreur qui arrêtent la lumière de Dieu, et que je prends pour un être.

Même si on pouvait être comme Dieu, il vaudrait mieux être de la boue qui obéit à Dieu.

Ce que le crayon est pour moi quand, les yeux fermés, je palpe la table avec la pointe - être cela pour le Christ. Nous avons la possibilité d'être des médiateurs entre Dieu et la partie de création qui nous est confiée. Il faut notre consentement pour qu'à travers nous il perçoive sa propre création. Avec notre consentement il opère cette merveille. Il suffirait que j'aie su me retirer de ma propre âme pour que cette table que j'ai devant moi ait l'incomparable fortune d'être vue par Dieu. Dieu ne peut aimer en nous que ce consentement à nous retirer pour le laisser passer, comme lui-même, créateur, s'est retiré pour nous laisser être. Cette double opération n'a pas d'autre sens que l'amour, comme le père donne à son enfant ce qui permettra à l'enfant de faire un présent le jour de l'anniversaire de son père. Dieu qui n'est pas autre chose qu'amour n'a pas créé autre chose que de l'amour.

∴

Toutes les choses que je vois, entends, respire, touche, mange, tous les êtres que je rencontre, je prive tout cela du contact avec Dieu, et je prive Dieu du contact avec tout cela dans la mesure où quelque chose en moi dit je.

Je peux faire quelque chose pour tout cela et pour Dieu, à savoir me retirer, respecter le tête-à-tête.

L'accomplissement strict du devoir simplement humain est une condition pour que je puisse me retirer. Il use peu à peu les cordes qui me retiennent sur place et m'en empêchent.

Je ne puis pas concevoir la nécessité que Dieu m'aime, alors que je sens si clairement que, même chez les êtres humains, de l'affection pour moi ne peut être qu'une méprise. Mais je me représente sans peine qu'il aime cette perspective de la création qu'on ne peut avoir que du point où je suis. Mais je fais écran. Je dois me retirer pour qu'il puisse la voir.

Je dois me retirer pour que Dieu puisse entrer en contact avec les êtres que le hasard met sur ma route et qu'il m'aime. Ma présence est indiscrète comme si je me trouvais entre deux amants ou deux amis. Je suis non pas la jeune fille qui attend un fiancé, mais le tiers importun qui est avec deux fiancés et doit s'en aller afin qu'ils soient vraiment ensemble.

Si seulement je savais disparaître, il y aurait union d'amour parfait entre Dieu et la terre où je marche, la mer que j'entends...

Qu'importe ce qu'il y a en moi d'énergie, de dons, etc ? J'en ai toujours assez pour disparaître.

« Et la mort à mes yeux ravissant la clarté
Rend au jour qu'ils souillaient toute sa pureté... »

Que je disparaisse afin que ces choses que je vois deviennent, du fait qu'elles ne seront plus choses que je vois, parfaitement belles.

Je ne désire nullement que ce monde créé ne me soit plus sensible, mais que ce ne soit plus à moi qu'il soit sensible. À moi, il ne peut dire son secret qui est trop haut. Que je parte, et le créateur et la créature échangeront leurs secrets.

Voir un paysage tel qu'il est quand je n'y suis pas...

Quand je suis quelque part, je souille le silence du ciel et de la terre par ma respiration et le battement de mon cœur.

LA NÉCESSITÉ ET L'OBÉISSANCE

Le soleil luit sur les justes et sur les injustes... Dieu se fait *nécessité*. Deux faces de la nécessité : exercée et subie. Soleil et croix.
Accepter d'être soumis à la nécessité et n'agir qu'en la maniant.

Subordination : économie d'énergie. Grâce à elle, un acte d'héroïsme peut être accompli sans que celui qui ordonne ni celui qui obéit aient besoin d'être des héros.
Parvenir à recevoir des ordres de Dieu.

Dans quels cas est-ce que la lutte contre une tentation épuise l'énergie attachée au bien, et dans quels cas est-ce qu'elle la fait monter dans l'échelle des qualités d'énergie ?
Cela doit dépendre de l'importance respective du rôle de la volonté et de l'attention.
Il faut mériter, à force d'amour, de subir une contrainte.

L'obéissance est la vertu suprême. Aimer la nécessité. La nécessité est ce qu'il y a de plus bas par rapport à l'individu (contrainte, force, une « dure nécessité »), la nécessité universelle en délivre.
Il y a des cas où une chose est nécessaire du seul fait qu'elle est possible. Ainsi manger quand on a faim, donner à boire à un blessé mourant de soif, l'eau étant tout près. Ni un bandit ne s'en abstiendrait ni un saint
Par analogie, discerner les cas où, bien que cela n'apparaisse pas aussi clai-

rement à première vue, la possibilité implique une nécessité. Agir dans ces cas et non dans les autres.

Le grain de grenade. On ne s'engage pas à aimer Dieu, on consent à l'engagement qui a été opéré en soi-même sans moi-même.

Faire seulement, en fait d'actes de vertu, ceux dont on ne peut pas s'empêcher, ceux qu'on ne peut pas ne pas faire, mais augmenter sans cesse par l'attention bien dirigée la quantité de ceux qu'on ne peut pas ne pas faire.

Ne pas faire un pas, *même vers le bien*, au-delà de ce *à* quoi on est poussé irrésistiblement par Dieu, et cela dans l'action, dans la parole et dans la pensée. Mais être disposé à aller sous sa poussée n'importe où, jusqu'à la limite (la croix...). Être disposé au maximum, c'est prier pour être poussé, mais sans savoir où.

Si mon salut éternel était sur cette table sous la forme d'un objet et qu'il n'y eût qu'à étendre la main pour le saisir, je ne tendrais pas la main sans en avoir reçu l'ordre.

Détachement des fruits de l'action. Se soustraire à cette fatalité. Comment ?

Agir, non pour un objet, mais par une nécessité. Je ne peux pas faire autrement. Ce n'est pas une action, mais une sorte de passivité. Action non agissante.

L'esclave est, en un sens, un modèle (le plus bas... le plus haut... toujours la même loi). La matière aussi.

Transporter hors de soi les mobiles de ses actions. Être poussé. Les motifs tout à fait purs (ou les plus vils : toujours la même loi) apparaissent comme *extérieurs*.

Pour tout acte, le considérer sous l'aspect non de l'objet, mais de l'impulsion. Non pas : à quelle fin ? Mais : d'où cela vient-il ?

« J'étais nu et vous m'avez habillé. » Ce don est simplement le signe de l'état où se trouvaient les êtres qui ont agi de la sorte. Ils étaient dans un état tel qu'ils ne pouvaient pas s'empêcher de nourrir ceux qui avaient faim, d'habiller ceux qui étaient nus ; ils ne le faisaient aucunement pour le Christ, ils ne pouvaient pas s'empêcher de le faire parce que la compassion du Christ était en eux. Comme saint Nicolas allant avec saint Cassien à travers la steppe russe à un rendez-vous avec Dieu ne pouvait pas s'empêcher de manquer l'heure du rendez-vous pour aider un moujik à dégager sa voiture embourbée. Le bien accompli ainsi presque malgré soi, presque avec honte et remords, est pur. Tout bien absolument pur échappe complètement à la volonté. Le bien est transcendant. Dieu est le Bien.

. . .

« J'avais faim et vous m'avez secouru. » Quand donc, Seigneur ? Ils ne le savaient pas. Il ne faut pas le savoir.

Il ne faut pas secourir le prochain *pour* le Christ, mais *par* le Christ. Que le moi disparaisse de telle sorte que le Christ, au moyen de l'intermédiaire que constituent notre âme et notre corps, secoure le prochain. Être l'esclave que son maître envoie porter tel secours à tel malheureux. Le secours vient du maître, mais il s'adresse au malheureux. Le Christ n'a pas souffert pour son Père. Il a souffert pour les hommes par la volonté du Père.

On ne peut pas dire de l'esclave qui va porter secours qu'il fait cela pour son maître. Il ne fait rien. Quand même pour aller jusqu'au malheureux, il marcherait sur des clous, pieds nus, alors il souffre, mais il ne fait rien. Car il est un esclave.

« Nous sommes des esclaves inutiles », c'est-à-dire nous n'avons rien fait.

D'une manière générale, pour Dieu est une mauvaise expression. Dieu ne doit pas se mettre au datif.

Ne pas aller au prochain pour Dieu, mais être poussé par Dieu vers le prochain comme la flèche vers le but par l'archer.

N'être qu'un intermédiaire entre la terre inculte et le champ labouré, entre les données du problème et la solution, entre la page blanche et le poème, entre le malheureux qui a faim et le malheureux rassasié.

En toutes choses, seul ce qui nous vient du dehors, gratuitement, par surprise, comme un don du sort, sans que nous l'ayons cherché, est joie pure. Parallèlement, le bien réel ne peut venir que du dehors, jamais de notre effort. Nous ne pouvons en aucun cas fabriquer quelque chose qui soit meilleur que nous. Ainsi l'effort tendu véritablement vers le bien ne doit pas aboutir; c'est après une tension longue et stérile qui se termine en désespoir, quand on n'attend plus rien, que du dehors, merveilleuse surprise, vient le don. Cet effort a été destructeur d'une partie de la fausse plénitude qui est en nous. Le vide divin, plus plein que la plénitude, est venu s'installer en nous.

La volonté de Dieu. Comment la connaître ? Si on fait le silence en soi, si on fait taire tous les désirs, toutes les opinions et qu'on pense avec amour, de toute son âme et sans paroles : « Que ta volonté soit faite », ce qu'on sent ensuite sans incertitude devoir faire (quand même, à certains égards, ce serait une erreur) est la volonté de Dieu. Car si on lui demande du pain, il ne donne pas des pierres.

Critérium convergent. Une action ou une attitude en faveur de laquelle la raison trouve plusieurs motifs distincts et convergents, mais dont on sent qu'elle dépasse tous les motifs représentables.

Il ne faut avoir en vue dans la prière aucune chose particulière, à moins d'en avoir reçu surnaturellement l'inspiration. Car Dieu est l'être universel. Certes il descend dans le particulier. Il est descendu, il descend dans l'acte de la création ; de même l'Incarnation, l'Eucharistie, l'Inspiration, etc. Mais c'est un mouvement descendant, jamais montant, un mouvement de Dieu, non de nous. Nous ne pouvons opérer une telle liaison qu'autant que Dieu nous la dicte. Notre rôle est d'être tournés vers l'universel.

C'est peut-être là la solution de la difficulté de Berger sur l'impossibilité de relier le relatif à l'absolu. C'est impossible par un mouvement montant, mais c'est possible par un mouvement descendant.

On ne peut jamais savoir que Dieu commande telle chose. L'intention orientée vers l'obéissance à Dieu sauve, quoi qu'on fasse, si on place Dieu infiniment au-dessus de soi, et damne, quoi qu'on fasse, si on appelle Dieu son propre cœur. Dans le premier cas, on ne pense jamais que ce qu'on a fait, ce qu'on fait ou ce qu'on fera puisse être un bien.

Usage des tentations. Il tient au rapport de l'âme et du temps. Contempler un mal possible pendant longtemps sans l'accomplir opère une espèce de transsubstantiation. Si on y résiste avec une énergie finie, cette énergie s'épuise en un temps donné, et quand elle est épuisée, on cède. Si on reste immobile et attentif, c'est la tentation qui s'épuise – et on recueille l'énergie regradée.

Si on contemple de même un bien possible, de la même manière – immobile et attentif – il s'opère aussi une transsubstantiation de l'énergie, grâce à laquelle on exécute ce bien.

La transsubstantiation de l'énergie consiste en ceci que, pour le bien, il vient un moment où on ne peut pas ne pas l'accomplir.

De là aussi un critérium du bien et du mal.

Chaque créature parvenue à l'obéissance parfaite constitue un mode singulier, unique, irremplaçable de présence, de connaissance et d'opération de Dieu dans le monde.

Nécessité. Voir les rapports des choses, et soi-même, y compris les fins qu'on porte en soi, comme un des termes. L'action en résulte naturellement.

Obéissance : il y en a deux. On peut obéir à la pesanteur ou au rapport des choses. Dans le premier cas, on fait ce à quoi pousse l'imagination combleuse de vides. On peut y mettre, et souvent avec vraisemblance, toutes les étiquettes y compris le bien et Dieu. Si on suspend le travail de l'imagination combleuse et qu'on fixe l'attention sur le rapport des choses, une nécessité apparaît à laquelle on ne peut pas ne pas obéir. Jusque-là, on n'a pas la notion de la nécessité ni le sentiment de l'obéissance.

Alors on ne peut pas être orgueilleux de ce qu'on accomplit, quand même on accomplirait des merveilles.

Mot du mousse breton au journaliste qui lui demandait comment il avait pu faire cela : « Fallait bien ! » Héroïsme le plus pur. On le trouve dans le peuple plus qu'ailleurs.

L'obéissance est le seul mobile pur, le seul qui n'enferme à aucun degré la récompense de l'action et laisse tout le soin de la récompense au Père qui est dans le caché, qui voit dans le caché.

À condition que ce soit l'obéissance à une nécessité, non pas à une contrainte (vide terrible chez les esclaves).

Quoi qu'on donne de soi à autrui ou à un grand objet, quelque peine qu'on supporte, si c'est par pure obéissance à une conception claire du rapport des choses et à la nécessité, on s'y détermine sans effort, bien qu'on accomplisse avec effort. On ne peut faire autrement, et il n'en résulte aucun retournement, aucun vide à combler, aucun désir de récompense, aucune rancune, aucun abaissement.

L'action est l'aiguille indicatrice de la balance. Il ne faut pas toucher à l'aiguille, mais aux poids.
    Il en est exactement de même pour les opinions.
    Dès lors, ou la confusion ou la souffrance.

Vierges folles. - *Cela* signifie qu'au moment où l'on prend conscience qu'il y a un choix à faire, le choix est déjà fait - dans un sens ou dans l'autre. Bien plus vrai que l'allégorie sur Hercule entre le vice et la vertu.

Quand dans l'homme la nature, étant coupée de toute impulsion charnelle et privée de toute lumière surnaturelle, exécute des actions conformes à ce que la lumière surnaturelle imposerait si elle était présente, c'est la plénitude de la pureté. C'est le point central de la Passion.

Le juste rapport avec Dieu est, dans la contemplation l'amour, dans l'action l'esclavage. Ne pas mélanger. Agir en esclave en contemplant avec amour...

ILLUSIONS

On se porte vers une chose parce qu'on croit qu'elle est bonne, et on y reste enchaîné parce qu'elle est devenue nécessaire.
   Les choses sensibles sont réelles en tant que choses sensibles, mais irréelles en tant que biens.

L'apparence a la plénitude de la réalité, mais en tant qu'apparence. En tant qu'autre chose qu'apparence, elle est erreur.

L'illusion concernant les choses de ce monde ne concerne pas leur existence, mais leur valeur. L'image de la caverne se rapporte à la valeur. Nous ne possédons que des ombres d'imitations de biens. C'est aussi par rapport au bien que nous sommes captifs, enchaînés (attachement). Nous acceptons les fausses valeurs qui nous apparaissent, et quand nous croyons agir, nous sommes en réalité immobiles, car nous restons dans le même système de valeurs.

Actes effectivement accomplis et cependant imaginaires. Un homme se suicide, en réchappe, et n'est pas plus détaché après qu'avant. Son suicide était imaginaire. Le suicide l'est sans doute toujours, et c'est pourquoi il est défendu.

Le temps, à proprement parler, n'existe pas (sinon le présent comme limite), et pourtant c'est à cela que nous sommes soumis. Telle est notre condition. *Nous sommes soumis à ce qui n'existe pas.* Qu'il s'agisse de la durée passivement soufferte douleur physique, attente, regret, remords, peur ou du temps manie - ordre, méthode, nécessité, - dans les deux cas, ce à quoi nous sommes soumis, cela n'existe pas. Mais notre soumission existe. Nous sommes réellement attachés par des chaînes irréelles. Le temps, irréel, voile toutes choses et nous-mêmes d'irréalité.

Le trésor, pour l'avare, c'est l'ombre d'une imitation de bien. Il est doublement irréel. Car un moyen (l'argent) est déjà, en tant que tel, autre chose qu'un bien. Mais pris hors de sa fonction de moyen, érigé enfin, il est encore plus loin d'être un bien.

C'est par rapport aux jugements de valeur que les sensations sont irréelles ; c'est en tant que valeurs que les choses sont irréelles pour nous. Mais l'attribution d'une fausse valeur à un objet ôte aussi de la réalité à la perception de cet objet, car elle noie la perception dans l'imagination.

Ainsi le détachement parfait permet seul de voir les choses nues, hors de ce brouillard de valeurs mensongères, c'est pourquoi il a fallu les ulcères et le fumier pour que fût révélée à Job la beauté du monde. Car il n'y a pas de détachement sans douleur. Et il n'y a pas de douleur supportée sans haine et sans mensonge sans qu'il y ait aussi détachement.

L'âme qui a passé la tête hors du ciel mange l'être.
Celle qui est à l'intérieur mange l'opinion.

La nécessité est essentiellement étrangère à l'imaginaire.

Ce qui est réel dans la perception et la distingue du rêve, ce n'est pas les sensations, c'est la *nécessité* enveloppée dans ces sensations.
« Pourquoi ces choses et non pas d'autres ? »
« C'est ainsi. »

Dans la vie spirituelle, l'illusion et la vérité se distinguent de la même manière.
Ce qui est réel dans la perception et la distingue du rêve, ce n'est pas les sensations, c'est la nécessité.
Distinction entre ceux qui restent dans la caverne, ferment les yeux et imaginent le voyage et ceux qui le font. Réel et imaginaire aussi dans le spirituel, et là aussi la *nécessité* fait la différence. Non la souffrance simplement, car il y a des souffrances imaginaires. Quant au sentiment intérieur, rien de plus trompeur.

Comment distingue-t-on l'imaginaire du réel dans le domaine spirituel ?
Il faut préférer l'enfer réel au paradis imaginaire.

Ce qui distingue les états d'en haut de ceux d'en bas, c'est, dans les états d'en haut, la coexistence de plusieurs plans superposés.

. . .

L'humilité a pour objet d'abolir l'imaginaire dans le progrès spirituel. Aucun inconvénient à se croire beaucoup moins avance qu'on n'est : la lumière n'en opère pas moins son effet, dont la source n'est pas dans l'opinion. Beaucoup à se croire plus avancé, car alors l'opinion a un effet.

Un critérium du réel, c'est que c'est dur et rugueux. On y trouve des joies, non de l'agrément. Ce qui est agréable est rêverie.

Essayer d'aimer sans imaginer. Aimer l'apparence nue et sans interprétation. Ce qu'on aime alors est vraiment Dieu.

Après avoir passé par le bien absolu, on retrouve les biens illusoires et partiels, mais dans un ordre hiérarchique qui fait qu'on ne se permet la recherche de tel bien que dans la limite permise par le souci de tel autre. Cet ordre est transcendant par rapport aux biens qu'il relie et c'est un reflet du bien absolu.

Déjà la raison discursive (l'intelligence des rapports) aide à dissoudre les idolâtries en considérant les biens et les maux comme limités, mélangés et versant les uns dans les autres.

Reconnaître le point où le bien passe dans le mal en tant que, dans la mesure où, à l'égard de, etc.

Aller plus loin que la règle de trois.

Il s'agit, toujours, d'un rapport avec le temps. Perdre l'illusion de la possession du temps. S'incarner.

L'homme doit faire l'acte de s'incarner, car il est désincarné par l'imagination. Ce qui procède en nous de Satan, c'est l'imagination.

Remède contre l'amour imaginaire. Accorder à Dieu en soi le strict minimum, ce qu'on ne peut absolument pas lui refuser - et désirer qu'un jour et le plus tôt possible ce strict minimum devienne tout.

Transposition : croire qu'on s'élève parce qu'en gardant les mêmes bas penchants (exemple : désir de l'emporter sur autrui) on leur a donné des objets élevés.

On s'élèverait au contraire en attachant à des objets bas des penchants élevés.

Il y a des prodiges dans toutes les passions. Un joueur est capable de veiller et de jeûner presque comme un saint, il a des prémonitions, etc.

C'est un grand danger que celui d'aimer Dieu comme un joueur aime le jeu.

. . .

Veiller au niveau où l'on met l'infini. Si on le met au niveau où le fini convient seul, peu importe de quel nom on le nomme.

Les parties basses de moi-même doivent aimer Dieu, mais non pas trop. Ce ne serait pas Dieu.

Qu'elles aiment comme on a soif et faim. Seul le plus haut a le droit d'être rassasié.

Crainte de Dieu dans saint Jean de la Croix. N'est-ce pas la crainte de penser à Dieu alors qu'on est indigne ? De le souiller en le pensant mal ? Par cette crainte, les parties basses s'éloignent de Dieu.

La chair est dangereuse pour autant qu'elle se refuse à aimer Dieu, mais aussi pour autant qu'elle se mêle indiscrètement de l'aimer.

Pourquoi la volonté de combattre un préjugé est-elle un signe certain qu'on en est imprégné ? Elle procède nécessairement d'une obsession. Elle constitue un effort tout à fait stérile pour s'en débarrasser. La lumière de l'attention en pareille affaire est seule efficace, et elle n'est pas compatible avec une intention polémique.

Le freudisme tout entier est imprégné du préjugé qu'il se donne pour mission de combattre, à savoir que ce qui est sexuel est vil.

Il y a une différence essentielle entre le mystique qui tourne vers Dieu la faculté d'amour et de désir dont l'énergie sexuelle constitue le fondement physiologique, et la fausse imitation de mystique qui, laissant à cette faculté son orientation naturelle et lui donnant un objet imaginaire, imprime à cet objet comme étiquette le nom de Dieu. La discrimination entre ces deux opérations, dont la seconde est encore au-dessous de la débauche, est difficile, mais elle est possible.

Dieu et le surnaturel sont cachés et sans forme dans l'univers. Il est bon qu'ils soient cachés et sans nom dans l'âme. Autrement, on risque d'avoir sous ce nom de l'imaginaire (ceux qui ont nourri et vêtu le Christ ne savaient pas que c'était le Christ). Sens des mystères antiques. Le christianisme (catholiques et protestants) parle trop des choses saintes.

Morale et littérature. Notre vie réelle est plus qu'aux trois quarts composée d'imagination et de fiction. Rares sont les vrais contacts avec le bien et le mal.

Une science qui ne nous rapproche pas de Dieu ne vaut rien.

Mais si elle nous en fait mal approcher, c'est-à-dire d'un Dieu imaginaire, c'est pire...

Ce que la nature opère mécaniquement en moi, il est mauvais de croire que j'en suis l'auteur. Mais il est plus mauvais encore de croire que le Saint-Esprit en est l'auteur. C'est encore plus loin de la vérité.

Types différents de corrélations et passages entre contraires :
  Par le dévouement total à une grande chose (y compris Dieu), donner toute licence en soi à la bassesse.
  Par la contemplation de la distance infinie entre soi et ce qui est grand, faire du moi un instrument de grandeur.
  Par quel critérium les distinguer ?
  Le seul, je crois, est que la mauvaise corrélation rend illimité ce qui ne doit pas l'être.

Parmi les hommes (exception faite pour les formes suprêmes de la sainteté et du génie) ce qui donne l'impression d'être vrai est presque nécessairement faux et ce qui est vrai donne presque nécessairement l'impression d'être faux.
  Il faut un travail pour exprimer le vrai. Aussi pour le recevoir. On exprime et on reçoit le faux, au moins le superficiel, sans travail.
  Quand le vrai semble au moins aussi vrai que le faux, c'est le triomphe de la sainteté ou du génie. Ainsi saint François faisait pleurer ses auditeurs tout comme un prédicateur vulgaire et théâtral.

La durée, soit les siècles pour les civilisations, soit les années, et dizaines d'années pour l'individu, a une fonction darwinienne d'élimination de l'inapte. Ce qui est apte à tout est éternel. C'est en cela seul que réside le prix de ce qu'on nomme l'expérience. Mais le mensonge est une armure par laquelle l'homme permet souvent à l'inapte en lui-même de survivre aux événements qui, sans cette armure, le tueraient (ainsi à l'orgueil de survivre aux humiliations), et cette armure est comme sécrétée par l'inapte pour parer au danger (l'orgueil, dans l'humiliation, épaissit le mensonge intérieur). Il y a dans l'âme comme une phagocytose ; tout ce qui est menacé par le temps sécrète du mensonge pour ne pas mourir, et à proportion du danger de mort. C'est pourquoi il n'y a pas d'amour de la vérité sans un consentement sans réserve à la mort. La croix du Christ est la seule porte de la connaissance.
  Regarder chaque péché que j'ai commis comme une faveur de Dieu. C'est une faveur que l'imperfection essentielle qui est dissimulée au fond de moi se soit en partie manifestée à mes yeux tel jour, à telle heure, dans telle circonstance. Je désire, je supplie que mon imperfection se manifeste tout entière à mes yeux, autant que le regard de la pensée humaine en est capable. Non pas

pour qu'elle guérisse, mais, même quand elle ne devrait pas guérir, pour que je sois dans la vérité.

Tout ce qui est sans valeur fuit la lumière. Ici-bas, on peut se cacher sous la chair. À la mort on ne peut plus. On est livré nu à la lumière. C'est là, selon les cas, enfer, purgatoire ou paradis.

Ce qui fait qu'on recule devant les efforts qui rapprocheraient du bien, c'est la répugnance de la chair, mais non pas la répugnance de la chair devant l'effort. C'est la répugnance de la chair devant le bien. Car pour une cause mauvaise, si le stimulant est assez fort, la chair acceptera n'importe quoi, sachant qu'elle le peut sans mourir. La mort même, subie pour une cause mauvaise, n'est pas vraiment la mort pour la partie charnelle de l'âme. Ce qui est mortel pour la partie charnelle de l'âme, c'est de voir Dieu face à face.

C'est pourquoi nous fuyons le vide intérieur parce que Dieu pourrait s'y glisser.

Ce n'est pas la recherche du plaisir et l'aversion de l'effort qui produisent le péché, mais la peur de Dieu. On sait qu'on ne peut pas le voir face à face sans mourir, et on ne veut pas mourir. On sait que le péché nous préserve très efficacement de le voir face à face : le plaisir et la douleur nous procurent seulement la légère impulsion indispensable vers le péché, et surtout le prétexte, l'alibi encore plus indispensables. Comme il faut des prétextes pour les guerres injustes, il faut des faux biens pour le péché, car on ne peut soutenir la pensée qu'on va vers le mal. La chair n'est pas ce qui nous éloigne de Dieu, elle est le voile que nous mettons devant nous pour faire écran entre Dieu et nous.

Il n'en est peut-être ainsi qu'à partir d'un certain point. L'image de la caverne semble l'indiquer. C'est d'abord le mouvement qui fait mal. Quand on arrive à l'orifice, c'est la lumière. Non seulement elle aveugle, mais elle blesse. Les yeux se révoltent contre elle.

Ne peut-il être vrai qu'à partir de ce moment on ne peut plus commettre que des péchés mortels ? Prendre la chair pour se cacher de la lumière, n'est-ce pas un péché mortel ? Horrible pensée.

Plutôt la lèpre.

J'ai besoin que Dieu me prenne de force, car, si maintenant la mort, supprimant l'écran de la chair, me mettait devant lui face à face, je m'enfuirais.

IDOLÂTRIE

L'idolâtrie vient de ce qu'ayant soif de bien absolu, on ne possède pas l'attention surnaturelle et on n'a pas la patience de la laisser pousser.

Faute d'idoles, il faut souvent, tous les jours ou presque, peiner à vide. On ne peut le faire sans pain surnaturel.
  L'idolâtrie est donc une nécessité vitale dans la caverne. Même chez les meilleurs, il est inévitable qu'elle limite étroitement l'intelligence et la bonté.

Les pensées sont changeantes, obéissantes aux passions, aux fantaisies, à la fatigue. L'activité doit être continue, tous les jours, beaucoup d'heures par jour. Il faut donc des mobiles de l'activité qui échappent aux pensées, donc aux relations : des idoles.

Tous les hommes sont prêts à mourir pour ce qu'ils aiment, Ils ne diffèrent que par le niveau de la chose aimée et la concentration ou la dispersion de l'amour. Aucun ne s'aime lui-même.

L'homme voudrait être égoïste et ne peut pas. C'est le caractère le plus frappant de sa misère et la source de sa grandeur.
  L'homme se dévoue toujours à un *ordre*. Seulement, sauf illumination surnaturelle, cet ordre a pour centre ou lui-même ou un être particulier (qui peut

SIMONE WEIL

être une abstraction) dans lequel il s'est transféré (Napoléon pour ses soldats, la Science, le Parti, etc.). Ordre perspectif.

Nous n'avons pas à acquérir l'humilité. L'humilité est en nous. Seulement nous nous humilions devant de faux dieux.

AMOUR

L'amour est un signe de notre misère. Dieu ne peut aimer que soi. Nous ne pouvons aimer qu'autre chose.

Ce n'est pas parce que Dieu nous aime que nous devons l'aimer. C'est parce que Dieu nous aime que nous devons nous aimer. Comment s'aimer soi-même sans Ce motif ?

L'amour de soi est impossible à l'homme, sinon par ce détour.

Si on me bande les yeux et si on m'enchaîne les mains sur un bâton, ce bâton me sépare des choses, mais par lui je les explore. Je ne sens que le bâton, je ne perçois que le mur. De même les créatures pour la faculté d'aimer. L'amour surnaturel ne touche que les créatures et ne va qu'à Dieu. Il n'aime que les créatures (qu'avons-nous d'autre à aimer ?) mais comme intermédiaires. À ce titre, il aime également toutes les créatures, y compris soi-même. Aimer un étranger comme soi-même implique comme contrepartie : s'aimer soi-même comme un étranger.

L'amour de Dieu est pur quand la joie et la souffrance inspirent une *égale* gratitude.

L'amour, chez celui qui est heureux, est de vouloir partager la souffrance de l'aimé malheureux.

SIMONE WEIL

L'amour, chez celui qui est malheureux est d'être comblé par la simple connaissance que l'aimé est dans la joie, sans avoir part à cette joie, ni même désirer y avoir part.

Aux yeux de Platon, l'amour charnel est une image dégradée du véritable amour. L'amour humain chaste (fidélité conjugale) en est une image moins dégradée. L'idée de : sublimation ne pouvait surgir que dans la stupidité contemporaine.
Amour du Phèdre. Il n'exerce ni ne subit la force. C'est là. l'unique pureté. Le contact avec le glaive comporte la même souillure, qu'il se fasse du côté de la poignée ou du côté de la pointe. À celui qui aime, le froid du métal n'ôtera pas l'amour, mais donnera le sentiment d'être abandonné de Dieu. L'amour surnaturel n'a aucun contact avec la force mais aussi il ne protège pas l'âme contre le froid de la force, le froid du fer. Seul un attachement terrestre, s'il renferme assez d'énergie, peut protéger contre le froid du fer. L'armure est faite de métal comme le glaive. À celui qui n'aime que d'un amour pur, le meurtre glace l'âme, qu'il en soit l'auteur ou la victime, et tout ce qui, sans aller jusqu'à la mort même, est violence. Si l'on désire un amour qui protège l'âme contre les blessures, il faut aimer autre chose que Dieu.

L'amour tend à aller toujours plus loin. Mais il a une limite. Quand la limite est dépassée, l'amour se tourne en haine. Il faut, pour éviter cette modification, que l'amour devienne autre.
Parmi les êtres humains, on ne reconnaît pleinement l'existence que de ceux qu'on aime.
La croyance à l'existence d'autres êtres humains comme tels est *amour*.
L'esprit n'est forcé de croire à l'existence de rien (subjectivisme, idéalisme absolu, solipsisme, scepticisme : voir les Upanishads, les Taoïstes et Platon, qui, tous, usent de cette attitude philosophique à titre de purification). C'est pourquoi le seul organe de contact avec l'existence est l'acceptation, l'amour. C'est pourquoi beauté et réalité sont identiques. C'est pourquoi la joie et le sentiment de réalité sont identiques.
Ce besoin d'être le créateur de ce qu'on aime, c'est un besoin d'imitation de Dieu. Mais c'est un penchant à la fausse divinité. À moins qu'on n'ait recours au modèle vu de l'autre côté du ciel...
Amour pur des créatures : non pas amour en Dieu, mais amour qui a passé par Dieu comme par le feu. Amour qui se détache complètement des créatures pour monter à Dieu et en redescend associé à l'amour créateur de Dieu.
Ainsi s'unissent les deux contraires qui déchirent l'amour humain : aimer l'être aimé tel qu'il est et vouloir le recréer.

Amour imaginaire pour les créatures. On est attaché par une corde à tous les objets d'attachements, et une corde peut toujours se couper. On est aussi attaché par une corde au Dieu imaginaire, au Dieu pour qui l'amour est aussi attachement. Mais au Dieu réel on n'est pas attaché, et c'est pourquoi il n'y a pas de corde qui puisse être coupée. Il entre en nous. Lui seul peut entrer en nous. Toutes les autres choses restent en dehors, et nous ne connaissons d'elles que les tensions de degré et de direction variables imprimées à la corde quand il y a déplacement d'elles ou de nous.

L'amour a besoin de réalité. Aimer à travers une apparence corporelle un être imaginaire, quoi de plus atroce, le jour où l'on s'en aperçoit ? Bien plus atroce que la mort, car la mort n'empêche pas l'aimé d'avoir été.
C'est la punition du crime d'avoir nourri l'amour avec de l'imagination.

C'est une lâcheté que de chercher auprès des gens qu'on aime (ou de désirer leur donner) un autre réconfort que celui que nous donnent les œuvres d'art, qui nous aident du simple fait qu'elles *existent*. Aimer, être aimé, cela ne fait que rendre mutuellement cette existence plus concrète, plus constamment présente à l'esprit. Mais elle doit être présente comme la source des pensées, non comme leur objet. S'il y a lieu de désirer être compris, ce n'est pas pour soi, mais pour l'autre, afin d'exister pour lui.

Tout ce qui est vil ou médiocre en nous se révolte contre la pureté et a besoin, pour sauver sa vie, de souiller cette pureté.
Souiller, c'est modifier, c'est toucher. Le beau est ce qu'on ne peut pas vouloir changer. Prendre puissance sur, c'est souiller. Posséder, c'est souiller.
Aimer purement, c'est consentir à la distance, c'est adorer la distance entre soi et ce qu'on aime.

L'imagination est toujours liée à un désir, c'est-à-dire à une valeur. Seul le désir sans objet est vide d'imagination. Il y a présence réelle de Dieu dans toute chose que l'imagination ne voile pas. Le beau capture le désir en nous et le vide d'objet en lui donnant un objet présent et en lui interdisant ainsi de s'élancer vers l'avenir.
Tel est le prix de l'amour chaste. Tout désir de jouissance se situe dans l'avenir, dans l'illusoire. Au lieu que si l'on désire seulement qu'un être existe, il existe : que désirer alors de plus ? L'être aimé est alors nu et réel, non voilé par de l'avenir imaginaire. L'avare ne regarde jamais son trésor sans l'imaginer n fois plus grand. Il faut être mort pour voir les choses nues.
Ainsi, dans l'amour, il y a chasteté ou manque de chasteté selon que le désir est dirigé ou non vers l'avenir.
En ce sens, et à condition qu'il ne soit pas dirigé vers une pseudo-immortalité conçue sur le modèle de l'avenir, l'amour qu'on voue aux morts est parfai-

tement pur. Car c'est le désir d'une vie finie qui ne peut plus rien donner de nouveau. On désire que le mort ait existé, et il a existé.

Là où l'esprit cesse d'être principe, il cesse aussi d'être fin. D'où la connexion rigoureuse entre la « pensée » collective sous toutes ses formes et la perte du sens, du respect des âmes. L'âme, c'est l'être humain considéré comme ayant une valeur en soi. Aimer l'âme d'une femme, c'est ne pas penser à cette femme en fonction de son propre plaisir, etc. L'amour ne sait plus contempler, il veut posséder (disparition de l'amour platonique).

C'est une faute que de désirer être compris avant de s'être élucidé soi-même à ses propres yeux. C'est rechercher des plaisirs dans l'amitié, et non mérités. C'est quelque chose de plus corrupteur encore que l'amour. Tu vendrais ton âme pour l'amitié.

Apprends à repousser l'amitié, ou plutôt le rêve de l'amitié. Désirer l'amitié est une grande faute. L'amitié doit être une joie gratuite comme celles que donne l'art, ou la vie. Il faut la refuser pour être digne de la recevoir : elle est de l'ordre de la grâce («Mon Dieu, éloignez-vous de moi... »). Elle est de ces choses qui sont données par surcroît. Tout rêve d'amitié mérite d'être brisé. Ce n'est pas par hasard que tu n'as jamais été aimée... Désirer échapper à la solitude est une lâcheté. L'amitié ne se recherche pas, ne se rêve pas, ne se désire pas ; elle s'exerce (c'est une vertu). Abolir toute cette marge de sentiment, impure et trouble. Schluss !

Ou plutôt (car il ne faut pas élaguer en soi avec trop de rigueur), tout ce qui, dans l'amitié, ne passe pas en échanges effectifs doit passer en pensées réfléchies. Il est bien inutile de se passer de la vertu inspiratrice de l'amitié. Ce qui doit être sévèrement interdit, c'est de rêver aux jouissances du sentiment. C'est de la corruption. Et c'est aussi bête que de rêver à la musique ou à la peinture. L'amitié ne se laisse pas détacher de la réalité, pas plus que le beau. Elle constitue un miracle, comme le beau. Et le miracle consiste simplement dans le fait qu'elle *existe*. À vingt-cinq ans, il est largement temps d'en finir radicalement avec l'adolescence...

Ne te laisse mettre en prison par aucune affection. Préserve ta solitude. Le jour, s'il vient jamais, où une véritable affection te serait donnée, il n'y aurait pas d'opposition entre la solitude intérieure et l'amitié, au contraire. C'est même à ce signe infaillible que tu la reconnaîtras. Les autres affections doivent être disciplinées sévèrement.

Les mêmes mots (ex. un homme dit à sa femme : je vous aime) peuvent être vulgaires ou extraordinaires selon la manière dont ils sont prononcés. Et cette manière dépend de la profondeur de la région de l'être d'où ils procèdent, sans que la volonté y puisse rien. Et, par un accord merveilleux, ils vont toucher, chez celui qui écoute, la même région. Ainsi celui qui écoute peut discerner, s'il a du discernement, ce que valent ces paroles.

Le bienfait est permis précisément parce qu'il constitue une humiliation plus grande encore que la douleur, une épreuve encore plus intime et plus irrécusable de dépendance. Et la reconnaissance est prescrite pour cette raison parce que c'est là l'usage à faire du bienfait reçu. Mais ce doit être la dépendance à l'égard du sort et non d'un être humain déterminé. C'est pourquoi le bienfaiteur a l'obligation d'être entièrement absent du bienfait. Et la reconnaissance ne doit à aucun degré constituer un attachement car c'est là la reconnaissance des chiens.

La reconnaissance est d'abord le fait de celui qui secourt, si le secours est pur. Elle n'est due par l'obligé qu'à titre de réciprocité.

Pour éprouver une gratitude pure (le cas de l'amitié étant mis à part), j'ai besoin de penser qu'on me traite bien, non par pitié, ou par sympathie, ou par caprice, à titre de faveur ou de privilège, ni non plus par un effet naturel du tempérament, mais par désir de faire ce que la justice exige. Donc celui qui me traite ainsi souhaite que tous ceux qui sont dans ma situation soient traités ainsi par tous ceux qui sont dans la sienne.

LE MAL

La création : le bien mis en morceaux et éparpillé a travers le mal.
Le mal est l'illimité, mais il n'est pas l'infini.
Seul l'infini limite l'illimité.

Monotonie du mal : rien de nouveau, tout y est *équivalent*. Rien de réel, tout y est imaginaire.
C'est à cause de cette monotonie que la quantité joue un si grand rôle. Beaucoup de femmes (don Juan) ou d'hommes (Célimène), etc. Condamné à la fausse infinité. C'est là l'enfer même.

Le mal, c'est la licence, et c'est pourquoi il est monotone : il y faut tout tirer de soi. Or il n'est pas donné à l'homme de créer. C'est une mauvaise tentative pour imiter Dieu.
Ne pas connaître et accepter cette impossibilité de créer est la source de beaucoup d'erreurs. Il nous faut imiter l'acte de créer, et il y a deux imitations possibles - l'une réelle, l'autre apparente - conserver et détruire.

Pas de trace de « je » dans la conservation. Il y en a dans la destruction. « Je » laisse sa marque sur le monde en détruisant.
Littérature et morale. Le mal imaginaire est romantique, varié, le mal réel morne, monotone, désertique, ennuyeux. Le bien imaginaire est ennuyeux ; le bien réel est toujours nouveau, merveilleux, enivrant. Donc la « littérature d'imagination » est ou ennuyeuse ou immorale (ou un mélange des deux). Elle n'échappe à cette alternative qu'en passant en

quelque sorte, à force d'art, du côté de la réalité - ce que le génie seul peut faire.

Une certaine vertu inférieure est une image dégradée du bien, dont il faut se repentir, et dont il est plus difficile de se repentir que du mal. Pharisien et publicain.

Le bien comme contraire du mal lui est équivalent en un sens comme tous les contraires.

Ce que le mal viole, ce n'est pas le bien, car le bien est inviolable ; on ne viole qu'un bien dégradé.

Ce qui est directement contraire à un mal n'est jamais de l'ordre du bien supérieur. À peine au-dessus du mal, souvent ! Exemples : vol et respect bourgeois de la propriété, adultère et « honnête femme » ; caisse d'épargne et gaspillage ; mensonge et « sincérité ».

Le bien est essentiellement autre que le mal. Le mal est multiple et fragmentaire, le bien est un, le mal est apparent, le bien est mystérieux ; le mal consiste en actions, le bien en non-action, en action non agissante, etc. Le bien pris au niveau du mal et s'y opposant comme un contraire à un contraire est un bien de code pénal. Au-dessus se trouve un bien qui, en un sens, ressemble plus au mal qu'à cette forme basse du bien. Cela rend possible beaucoup de démagogie et de paradoxes fastidieux.

Le bien qui se définit à la façon dont on définit le mal doit être nié. Or le mal le nie. Mais il le nie mal.

Y a-t-il union de vices incompatibles chez les êtres voués au mal ? Je ne crois pas. Les vices sont soumis à la pesanteur, et c'est pourquoi il n'y a pas de profondeur, de transcendance dans le mal.

On n'a l'expérience du bien qu'en l'accomplissant.

On n'a l'expérience du mal qu'en s'interdisant de l'accomplir, ou, si on l'a accompli, qu'en s'en repentant.

Quand on accomplit le mal, on ne le connaît pas, parce que le mal fuit la lumière.

Est-ce que le mal, tel qu'on le conçoit lorsqu'on ne le fait pas, existe ? Le mal qu'on fait ne semble-t-il pas quelque chose de simple, de naturel qui s'impose ? Le mal n'est-il pas analogue à l'illusion ? L'illusion, quand on en est victime, n'est pas sentie comme une illusion, mais comme une réalité. De même, peut-être le mal. Le mal, quand on y est, n'est pas senti comme mal, mais comme nécessité ou même comme devoir.

Dès qu'on fait le mal, le mal apparaît comme une sorte de devoir. La plupart ont le sentiment du devoir dans certaines choses mauvaises et d'autres bonnes. Un même homme éprouve comme un devoir de vendre aussi cher qu'il peut et de ne pas voler , etc. Le bien chez eux est au niveau du mal, un bien sans lumière.

La sensibilité de l'innocent qui souffre est comme du crime sensible. Le vrai crime n'est pas sensible. L'innocent qui souffre sait la vérité sur son bourreau, le bourreau ne la sait pas. Le mal que l'innocent sent en lui-même est dans son bourreau, mais il n'y est pas sensible. L'innocent ne peut connaître le mal que comme souffrance. Ce qui dans le criminel n'est pas sensible, c'est le crime. Ce qui dans l'innocent n'est pas sensible, c'est l'innocence.
C'est l'innocent qui peut sentir l'enfer.

Le péché que nous avons en nous sort de nous et se propage au-dehors, en exerçant une contagion sous forme de péché. Ainsi, quand nous sommes irrités, notre entourage s'irrite. Ou encore, de supérieur à inférieur : la colère suscite la peur. Mais au contact d'un être parfaitement pur, il y a transmutation, et le péché devient souffrance. Telle est la fonction du juste d'Isaïe, de l'agneau de Dieu. Telle est la souffrance rédemptrice. Toute la violence criminelle de l'Empire romain s'est heurtée au Christ, et, en lui, est devenue pure souffrance. Les êtres mauvais au contraire transforment la simple souffrance (par exemple la maladie) en péché.
Il s'ensuit peut-être que la douleur rédemptrice doit être d'origine sociale. Elle doit être injustice, violence exercée par des êtres humains.

Le faux Dieu change la souffrance en violence. Le vrai Dieu change la violence en souffrance.
La souffrance expiatrice est le choc en retour du mal qu'on fait. Et la souffrance rédemptrice est l'ombre du bien pur qu'on désire.
L'acte méchant est un transfert sur autrui de la dégradation qu'on porte en soi. C'est pourquoi on y incline comme vers une délivrance.

Tout crime est un transfert du mal de celui qui agit sur celui qui subit. L'amour illégitime comme le meurtre.
L'appareil de la justice pénale a été tellement contaminé de mal depuis des siècles qu'il est au contact des malfaiteurs, sans purification compensatrice, qu'une condamnation est très souvent un transfert de mal de l'appareil pénal sur le condamné, et cela même s'il est coupable et si la peine n'est pas disproportionnée. Les criminels endurcis sont les seuls auxquels l'appareil pénal ne peut pas faire de mal. Aux innocents, il fait un mal affreux.

Quand il y a transfert de mal, le mal n'est pas diminué, mais augmenté chez celui d'où il procède. Phénomène de multiplication. Il en est de même pour le transfert du mal qui s'opère sur des objets.

Alors, où mettre le mal ?

Il faut le transférer de la partie impure dans la partie pure de soi-même, le transmuant ainsi en souffrance pure. Le crime qu'on a en soi, il faut l'infliger à soi.

Mais on aurait vite fait ainsi de souiller le point de pureté intérieur si on ne le renouvelait pas par le contact avec une pureté inaltérable placée en dehors de toute atteinte.

La patience consiste à ne pas transformer la souffrance en crime. Cela suffit déjà à transformer du crime en souffrance.

Transférer le mal sur des choses extérieures, c'est déformer les rapports des choses. Ce qui est exact et déterminé, nombre, proportion, harmonie, résiste à cette déformation. Quel que soit mon état de vigueur ou de lassitude, dans cinq kilomètres, il y a cinq bornes kilométriques. C'est pourquoi le nombre fait mal quand on souffre : il s'oppose à l'opération de transfert. Fixer l'attention sur ce qui est trop rigoureux pour être déformé par mes modifications intérieures, c'est préparer en moi l'apparition d'un invariant et l'accès à l'éternel.

Accepter le mal qu'on nous fait comme remède à celui que nous avons fait.

Ce n'est pas la souffrance qu'on s'impose à soi-même, mais celle qu'on subit du dehors qui est le vrai remède. Et même il faut qu'elle soit injuste. Quand on a péché par injustice, il ne suffit pas de souffrir justement, il faut souffrir l'injustice.

La pureté est absolument invulnérable en tant que pureté, en ce sens que nulle violence ne la rend moins pure. Mais elle est éminemment vulnérable en ce sens que toute atteinte du mal la fait souffrir, que tout péché qui la touche devient en elle souffrance.

Si l'on me fait du mal, désirer que ce mal ne se dégrade pas, par amour pour celui qui me l'inflige, afin qu'il n'ait pas vraiment fait du mal.

Les saints (les presque saints) sont plus exposés que les autres au diable, parce que la connaissance réelle qu'ils ont de leur misère leur rend la lumière *presque* intolérable.

Le péché contre l'Esprit consiste à connaître une chose comme bonne et à la haïr en tant que bonne. On en éprouve l'équivalent sous forme de résistance toutes les fois qu'on s'oriente vers le bien. Car tout contact avec le bien produit une connaissance de la distance entre le mal et le bien et un commencement d'effort pénible d'assimilation. C'est une douleur, et on a peur. Cette peur est peut-être le signe de la réalité du contact. Le péché correspondant ne peut se produire que si le manque d'espérance rend la conscience de la distance intolérable et change la douleur en haine. L'espérance est un remède à cet égard. Mais un remède meilleur est l'indifférence à soi, et d'être heureux que le bien soit le bien, quoiqu'on en soit loin, et même dans la supposition où on serait destiné à s'en éloigner infiniment.

Une fois un atome de bien pur entré dans l'âme, la plus grande, la plus criminelle faiblesse est infiniment moins dangereuse que la plus minime trahison, celle-ci se réduirait-elle à un mouvement purement intérieur de la pensée, ne durant qu'un instant, mais consenti. C'est la participation à l'enfer. Tant que l'âme n'a pas goûté au bien pur, elle est séparée de l'enfer comme du paradis.

Un choix infernal n'est possible que par l'attachement au salut. Qui ne désire pas la joie de Dieu, mais est satisfait de savoir qu'il y a réellement joie en Dieu, tombe mais ne trahit pas.

Quand on aime Dieu à travers le mal comme tel, c'est vraiment Dieu qu'on aime.

Aimer Dieu à travers le mal comme tel. Aimer Dieu à travers le mal que l'on hait, en haïssant ce mal. Aimer Dieu comme auteur du mal qu'on est en train de haïr.

Le mal est à l'amour ce qu'est le mystère à l'intelligence. Comme le mystère contraint la vertu de foi à être surnaturelle, de même le mal pour la vertu de charité. Et essayer de trouver des compensations, des justifications au mal est aussi nuisible pour la charité que d'essayer d'exposer le contenu des mystères sur le plan de l'intelligence humaine.

Discours d'Ivan dans les Karamazov : « Quand même cette immense fabrique apporterait les plus extraordinaires merveilles et ne coûterait qu'une seule larme d'un seul enfant, moi je refuse. »

J'adhère complètement à ce sentiment. Aucun motif, quel qu'il soit, qu'on puisse me donner pour compenser une larme d'un enfant ne peut me faire accepter cette larme. Aucun absolument que l'intelligence puisse concevoir. Un seul, mais qui n'est intelligible qu'à l'amour surnaturel : Dieu l'a voulu. Et pour ce motif-là, j'accepterais aussi bien un monde qui ne serait que mal qu'une larme d'enfant.

L'agonie est la suprême nuit obscure dont même les parfaits ont besoin pour la pureté absolue, et pour cela il vaut mieux qu'elle soit amère.

. . .

L'irréalité qui du bien enlève le bien, c'est cela qui constitue le mal. Le mal, c'est toujours la destruction de choses sensibles où il y a présence réelle du bien. Le mal est accompli par ceux qui n'ont pas connaissance de cette présence réelle. En ce sens il est vrai que nul n'est méchant volontairement. Les rapports de force donnent à l'absence le pouvoir de détruire la présence.

On ne peut contempler sans terreur l'étendue du mal que l'homme peut faire et subir.

Comment pourrait-on croire qu'il soit possible de trouver une compensation à ce mal puisque, à cause de ce mal, Dieu a souffert la crucifixion ?

Bien et mal. Réalité. Est bien ce qui donne plus de réalité aux êtres et aux choses, mal ce qui leur en enlève.

Les Romains ont fait le mal en dépouillant les villes grecques de leurs statues, parce que les villes, les temples, la vie de ces Grecs avaient moins de réalité sans les statues, et parce que les statues ne pouvaient avoir autant de réalité à Rome qu'en Grèce.

Supplications désespérées, humbles des Grecs pour conserver quelques statues : tentative désespérée pour faire passer dans l'esprit d'autrui sa propre notion des valeurs. Comprise ainsi, n'a rien de bas. Mais presque nécessairement inefficace. Devoir de comprendre et de peser le système de valeurs d'autrui, avec le sien, sur la même balance. Forger la balance.

Laisser l'imagination s'attarder sur ce qui est mal implique une espèce de lâcheté ; on espère jouir, connaître et s'accroître par l'irréel.

Même attarder son imagination sur certaines choses comme possibles (ce qui est tout autre chose qu'en concevoir clairement la possibilité, chose essentielle à la vertu) c'est déjà s'engager. La curiosité en est la cause. S'interdire (non pas de concevoir, mais de s'attarder sur) certaines pensées ; ne pas penser à. On croit que la pensée n'engage pas, mais elle engage seule, et la licence de penser enferme toute licence. Ne pas penser à, faculté suprême. Pureté, vertu négative. Ayant attardé son imagination sur une chose mauvaise, si on rencontre d'autres hommes qui la rendent objective par leurs paroles et leurs actions et suppriment ainsi la barrière sociale, on est déjà presque perdu. Et quoi de plus facile ? Pas de point de rupture ; quand on voit le fossé, on l'a déjà franchi. Pour le bien, c'est tout le contraire ; le fossé est vu quand il est à franchir, au moment de l'arrachement et du déchirement. On ne tombe pas dans le bien. Le mot bassesse exprime cette propriété du mal.

Même accompli, le mal garde ce caractère d'irréalité ; de là vient peut-être la simplicité des criminels ; tout est simple dans le rêve. Simplicité qui fait pendant à celle de la suprême vertu.

. . .

Il faut que le mal soit rendu pur - ou la vie est impossible. Dieu seul peut cela. C'est l'idée de la Gîta. C'est aussi l'idée de Moïse, de Mahomet, de l'hitlérisme...

Mais Jéhovah, Allah, Hitler sont des dieux terrestres. La purification qu'ils opèrent est imaginaire.

Ce qui est essentiellement autre que le mal, c'est la vertu accompagnée d'une perception claire de la possibilité du mal, et du mal apparaissant comme un bien. La présence d'illusions abandonnées, mais présentes à la pensée, est peut-être le critérium de la vérité.

On ne peut avoir horreur de faire du mal à autrui que si on est au point où autrui ne peut plus nous faire du mal (on aime alors les autres, à la limite, comme soi-même passé).

La contemplation de la misère humaine arrache vers Dieu, et c'est seulement en autrui aimé comme soi-même qu'on la contemple. On ne peut la contempler ni en soi comme tel ni en autrui comme tel.

L'extrême malheur qui saisit les êtres humains ne crée pas la misère humaine, il la révèle seulement.

Le péché et les prestiges de la force. Du fait que l'âme tout entière n'a pas su connaître et accepter la misère humaine, on croit qu'il y a de la différence entre les êtres humains, et par là on manque à la justice, soit en faisant une différence entre nous et autrui, soit en faisant acception de personnes parmi les autres.

Cela vient de ce que l'on ne sait pas que la misère humaine est une quantité constante et irréductible, aussi grande en chaque homme qu'elle peut l'être, et que la grandeur vient d'un seul Dieu, de sorte qu'il y a identité entre un homme et un autre.

On s'étonne que le malheur n'ennoblisse pas. C'est que, quand on pense à un malheureux, on pense à son malheur. Mais le malheureux ne pense pas à son malheur : il a l'âme emplie de n'importe quel infime allégement qu'il puisse convoiter.

Comment n'y aurait-il pas du mal dans le monde ? Il faut que le monde soit étranger à nos désirs. S'il l'était sans contenir de mal, nos désirs alors seraient entièrement mauvais. Il ne le faut pas.

Il y a toutes les gammes de distance entre la créature et Dieu. Une distance où l'amour de Dieu est impossible. Matière, plantes, animaux. Le mal est si complet là qu'il se détruit ; il n'y a plus de mal: miroir de l'innocence divine. Nous sommes au point où l'amour est tout juste possible. C'est un grand privilège, car l'amour qui unit est proportionnel à la distance.

. . .

Dieu a créé un monde qui est non le meilleur possible, mais comporte tous les degrés de bien et de mal. Nous sommes au point où il est le plus mauvais possible. Car au-delà est le degré où le mal devient innocence.

LE MALHEUR

Souffrance : supériorité de l'homme sur Dieu. Il a fallu l'Incarnation pour que cette supériorité ne fût pas scandaleuse.
   Je ne dois pas aimer ma souffrance parce qu'elle est utile, mais parce qu'elle *est*.
   Accepter ce qui est amer ; il ne faut pas que l'acceptation rejaillisse sur l'amertume et la diminue, sans quoi l'acceptation diminue proportionnellement en force et en pureté. Car l'objet de l'acceptation, c'est ce qui est amer en tant qu'amer et non pas autre chose. - Dire comme Ivan Karamazov : rien ne peut compenser une seule larme d'un seul enfant. Et pourtant accepter toutes les larmes, et les innombrables horreurs qui sont au-delà des larmes. Accepter ces choses, non pas en tant qu'elles comporteraient des compensations, mais en elles-mêmes. Accepter qu'elles soient simplement parce qu'elles sont.

S'il n'y avait pas de malheur en ce monde, nous pourrions nous croire au paradis.
   Deux conceptions de l'enfer. L'ordinaire (souffrance sans consolation) ; la mienne (fausse béatitude, se croire par erreur au paradis).
   Pureté plus grande de la douleur physique (Thibon). De là, dignité plus grande du peuple.
   Ne pas chercher à ne pas souffrir ni à moins souffrir, mais à ne pas être altéré par la souffrance.
   L'extrême grandeur du christianisme vient de ce qu'il ne cherche pas un remède surnaturel contre la souffrance, mais un usage surnaturel de la souffrance.
   Il faut s'efforcer autant qu'on peut d'éviter le malheur, afin que le malheur

qu'on rencontre soit parfaitement pur et parfaitement amer.

La joie est la plénitude du sentiment du réel.
Mais souffrir en conservant le sentiment du réel est mieux. Souffrir sans sombrer dans le cauchemar. Que la douleur soit, en un sens purement extérieure, en un sens purement intérieure. Pour cela, il faut qu'elle réside dans la sensibilité seulement. Elle est alors extérieure (comme étant hors des parties spirituelles de l'âme) et intérieure (comme concentrée tout entière, sur nous-mêmes, sans rejaillir sur l'univers pour l'altérer).

Le malheur contraint à reconnaître comme réel ce qu'on ne croit pas possible.

Malheur : le temps emporte l'être pensant malgré lui vers ce qu'il ne peut pas supporter et qui viendra pourtant. « Que ce calice s'éloigne de moi. » Chaque seconde qui s'écoule entraîne un être dans le monde vers quelque chose qu'il ne peut pas supporter.
Il y a un point de malheur où l'on n'est plus capable de supporter ni qu'il continue ni d'en être délivré.

La souffrance n'est rien, hors du rapport entre le passé et l'avenir, mais quoi de plus réel pour l'homme que ce rapport ? Il est la réalité même.
Avenir. On pense que cela viendra demain jusqu'au moment où on pense que cela ne viendra jamais.
Deux pensées allègent un peu le malheur. Ou qu'il va cesser presque immédiatement ou qu'il ne cessera jamais. Impossible ou nécessaire. Mais on ne peut pas penser qu'il est simplement. Cela est insoutenable.
« Ce n'est pas possible. » Ce qui n'est pas possible, c'est de penser un avenir où le malheur continuerait. L'élan naturel de la pensée vers l'avenir est arrêté, l'être est déchiré dans son sentiment du temps. « Dans un mois, dans un an, comment souffrirons-nous ? »

L'être qui ne peut supporter de penser ni au passé ni à l'avenir : il est abaissé jusqu'à la matière. Russes blancs de chez Renault. On peut ainsi apprendre à obéir comme la matière, mais sans doute se fabriquaient-ils des passés et des avenirs proches et mensongers.
Morcellement du temps pour les criminels et les prostituées ; il en est de même des esclaves. C'est donc un caractère du malheur.
Le temps fait violence ; c'est la seule violence. Un autre te ceindra et te mènera où tu ne veux pas aller ; le temps mène où l'on ne veut pas aller. Qu'on me condamne à mort, on ne m'exécutera pas si, dans l'intervalle, le temps s'arrête. Quoi qu'il puisse arriver d'affreux, peut-on désirer que le temps s'arrête,

que les étoiles s'arrêtent ? La violence du temps déchire l'âme : par la déchirure entre l'éternité.

Tous les problèmes se ramènent au temps.
Douleur extrême : temps non orienté : voie de l'enfer ou du paradis. Perpétuité ou éternité.

Ce ne sont pas la joie et la douleur qui s'opposent, mais les espèces de l'une et de l'autre. Il y a une joie et une douleur infernales, une joie et une douleur guérisseuses, une joie et une douleur célestes.

Par nature, nous fuyons la souffrance et cherchons le plaisir. C'est uniquement par là que la joie sert d'image au bien et la douleur d'image au mal. D'où l'imagerie du paradis et de l'enfer. Mais, en fait, plaisir et douleur sont des couples inséparables.

Souffrance, enseignement et transformation. Il faut, non pas que les initiés apprennent quelque chose, mais qu'il s'opère en eux une transformation qui les rende aptes à recevoir l'enseignement.
Pathos signifie à la fois *souffrance* (notamment souffrance jusqu'à la mort) et *modification* (notamment transformation en un être immortel).

La souffrance et la jouissance comme sources de savoir. Le serpent a offert la connaissance à Adam et à Eve. Les sirènes ont offert la connaissance à Ulysse. Ces histoires enseignent que l'âme se perd en cherchant la connaissance dans le plaisir. Pourquoi ? Le plaisir peut-être est innocent, à condition qu'on n'y cherche pas la connaissance. Il n'est permis de la chercher que dans la souffrance.
L'infini qui est dans l'homme est à la merci d'un petit morceau de fer ; telle est la condition humaine ; l'espace et le temps en sont cause. Impossible de manier ce morceau de fer sans réduire brusquement l'infini qui est dans l'homme à un point de la pointe, un point à la poignée, au prix d'une douleur déchirante. L'être tout entier est atteint un moment ; il n'y reste aucune place pour Dieu, même chez le Christ, où la pensée de Dieu n'est plus du moins que celle d'une privation. Il faut arriver jusque-là pour qu'il y ait incarnation. L'être tout entier devient privation de Dieu ; comment aller au-delà ? Il n'y a plus, après cela, que la résurrection. Pour aller jusque-là, il faut le contact froid du fer nu.
Il faut au contact du fer se sentir séparé de Dieu comme le Christ, sans quoi c'est un autre Dieu. Les martyrs ne se sentaient pas séparés de Dieu, mais c'était un autre Dieu et il valait mieux peut-être ne pas être martyr. Le Dieu où

les martyrs trouvaient la joie dans les tortures où la mort est proche de celui qui a été officiellement adopté par l'Empire et ensuite imposé par des exterminations.

Dire que le monde ne vaut rien, que cette vie ne vaut rien, et donner pour preuve le mal, est absurde, car si cela ne vaut rien, de quoi le mal prive-t-il ?

Ainsi la souffrance dans le malheur et la compassion pour autrui sont d'autant plus pures et plus intenses qu'on conçoit mieux la plénitude de la joie. De quoi est-ce que la souffrance prive celui qui est sans joie ?

Et si on conçoit la plénitude de la joie, la souffrance est encore à la joie comme la faim à la nourriture.

Il faut avoir eu par la joie la révélation de la réalité pour trouver la réalité dans la souffrance. Autrement la vie n'est qu'un rêve plus ou moins mauvais.

Il faut parvenir à trouver une réalité plus pleine encore dans la souffrance qui est néant et vide.

De même il faut aimer beaucoup la vie pour aimer encore davantage la mort.

LA VIOLENCE

La mort est ce qui a été donné de plus précieux à l'homme. C'est pourquoi l'impiété suprême est d'en mal user. Mal mourir. Mal tuer . (Mais comment échapper à la fois au suicide et au meurtre ?) Après la mort, l'amour. Problème analogue : ni mauvaise jouissance, ni mauvaise privation. La guerre et Eros sont les deux sources d'illusion et de mensonge parmi les hommes. Leur mélange est la plus grande impureté.

S'efforcer de substituer de plus en plus dans le monde la non-violence *efficace* à la violence.

La non-violence n'est bonne que si elle est efficace. Ainsi, question du jeune homme à Gandhi concernant sa sœur. La réponse devrait être : use de la force, à moins que tu ne sois tel que tu puisses la défendre, avec autant de probabilité de succès, sans violence. À moins que tu ne possèdes un rayonnement dont l'énergie c'est-à-dire l'efficacité possible, au sens le plus matériel) soit égale à celle contenue dans tes muscles.

S'efforcer de devenir tel qu'on puisse être non-violent.

Cela dépend aussi de l'adversaire.

Cause des guerres : chaque homme, chaque groupe humain se sent à juste titre légitime maître et possesseur de l'univers. Mais cette possession est mal comprise, faute de savoir que l'accès - pour autant qu'il est possible à l'homme sur terre - en passe, pour chacun, par son propre corps.

Alexandre est à un paysan propriétaire ce qu'est don Juan à un mari heureux.

Guerre. Maintenir intact en soi l'amour de la vie ; ne jamais infliger la mort sans l'accepter pouf soi.
Au cas où la vie de X... serait liée à la sienne propre au point que les deux morts doivent être simultanées, voudrait-on pourtant qu'il meure ? Si le corps et l'âme tout entière aspirent à la vie et si pourtant, sans mentir, on peut répondre oui, alors on a le droit de tuer.

LA CROIX

Quiconque prend l'épée périra par l'épée. Et quiconque ne prend pas l'épée (ou la lâche) périra sur la croix.

Le Christ guérissant des infirmes, ressuscitant des morts, etc., c'est la partie humble, humaine, presque basse de sa mission. La partie surnaturelle, c'est la sueur de sang, le désir insatisfait de consolations humaines, la supplication d'être épargné, le sentiment d'être abandonné de Dieu.

L'abandon au moment suprême de la crucifixion, quel abîme d'amour des deux côtés !

« Mon Dieu, mon Dieu, pourquoi m'as-tu abandonné ? »
Là est la véritable preuve que le christianisme est quelque chose de divin.

Pour être juste, il faut être nu et mort. Sans imagination. C'est pourquoi le modèle de la justice doit être nu et mort. La croix seule n'est pas susceptible d'une imitation imaginaire.

Il faut un homme juste à imiter pour que l'imitation de Dieu ne soit pas un simple mot, mais il faut, pour que nous soyons portés au-delà de la volonté, que nous ne puissions pas vouloir l'imiter. On ne peut pas vouloir la croix.

On pourrait vouloir n'importe quel degré d'ascétisme ou d'héroïsme, mais non pas la croix qui est souffrance pénale.

Ceux qui ne conçoivent la crucifixion que sous l'aspect de l'offrande en effacent le mystère salutaire et l'amertume salutaire. Souhaiter le martyre est beaucoup trop peu. La croix est infiniment plus que le martyre.

La souffrance la plus purement amère, la souffrance pénale, comme garantie d'authenticité.

Croix. L'arbre du péché fut un vrai arbre, l'arbre de vie fut une poutre. Quelque chose qui ne donne pas de fruits, mais seulement le mouvement vertical. « Il faut que le fils de l'homme soit élevé, et il vous attirera à lui. » On peut tuer en soi l'énergie vitale en conservant seulement le mouvement vertical. Les feuilles et les fruits sont du gaspillage d'énergie si on veut seulement monter.

Ève et Adam ont voulu chercher la divinité dans l'énergie vitale. Un arbre, un fruit. Mais elle nous est préparée sur du bois mort géométriquement équarri où pend un cadavre. Le secret de notre parenté à Dieu doit être cherché dans notre mortalité.

Dieu s'épuise, à travers l'épaisseur infinie du temps et de l'espèce, pour atteindre l'âme et la séduire. Si elle se laisse arracher, ne fût-ce que la durée d'un éclair, un consentement pur et entier, alors Dieu en fait la conquête. Et quand elle est devenue une chose entièrement à lui, il l'abandonne. Il la laisse complètement seule. Et elle doit à son tour, mais à tâtons, traverser l'épaisseur infinie du temps et de l'espace, à la recherche de celui qu'elle aime. C'est ainsi que l'âme refait en sens inverse le voyage qu'a fait Dieu vers elle. Et cela, c'est la croix.

Dieu est crucifié du fait que des êtres finis, soumis à la nécessité, à l'espace et au temps, pensent.

Savoir que comme être pensant et fini, je suis Dieu crucifié.

Ressembler à Dieu, mais à Dieu crucifié.

À Dieu tout-puissant pour autant qu'il est lié par la nécessité.

Prométhée, le dieu crucifié pour avoir trop aimé les hommes. Hippolyte, l'homme puni pour avoir été trop pur et trop aimé des dieux. C'est le rapprochement de l'humain et du divin qui appelle le châtiment.

Nous sommes ce qui est le plus loin de Dieu, à l'extrême limite d'où il ne soit pas absolument impossible de revenir à lui. En notre être, Dieu est déchiré. Nous sommes la crucifixion de Dieu. L'amour de Dieu pour nous est passion. Comment le bien pourrait-il aimer le mal sans souffrir ? Et le mal souffre aussi en aimant le bien. L'amour mutuel de Dieu et de l'homme est souffrance.

. . .

Pour que nous sentions la distance entre nous et Dieu, il faut que Dieu soit un esclave crucifié. Car nous ne sentons la distance que vers le bas. Il est beaucoup plus facile de se mettre par l'imagination à la place de Dieu créateur qu'à la place du Christ crucifié.

Les dimensions de la charité du Christ, c'est la distance entre Dieu et la créature.
La fonction de médiation, par elle-même, implique l'écartèlement...
C'est pourquoi on ne peut concevoir la descente de Dieu vers l'homme ou l'ascension de l'homme vers Dieu sans écartèlement.

Nous avons à traverser - et Dieu d'abord pour venir à nous, car il vient d'abord - l'épaisseur infinie du temps et de l'espace. Dans les rapports entre Dieu et l'homme, l'amour est le plus grand. Il est grand comme la distance à franchir.
Pour que l'amour soit le plus grand possible, la distance est la plus grande possible. C'est pourquoi le mal peut aller jusqu'à l'extrême limite au-delà de laquelle la possibilité même du bien disparaîtrait. Il a licence de toucher cette limite. Il semble parfois qu'il la dépasse.
Cela est en un sens exactement le contraire de la pensée de Leibniz. C'est certainement plus compatible avec la grandeur de Dieu, car s'il avait fait le meilleur des mondes possibles, c'est qu'il pourrait peu de chose.

Dieu traverse l'épaisseur du monde pour venir à nous.

La Passion, c'est l'existence de la justice parfaite sans aucun mélange d'apparence. La justice est essentiellement non agissante. Il faut qu'elle soit transcendante ou souffrante.
C'est la justice purement surnaturelle, absolument dénuée de tout secours sensible, même l'amour de Dieu en tant qu'il est sensible.
La souffrance rédemptrice est celle qui met la souffrance à nu et la porte dans sa pureté jusqu'à l'existence. Cela sauve l'existence.

Comme Dieu est présent dans la perception sensible d'un morceau de pain par la consécration eucharistique, il est présent dans le mal extrême par la douleur rédemptrice, par la croix.
De la misère humaine à Dieu. Mais non pas comme compensation ou consolation. Comme corrélation.
Il y a des gens pour qui tout ce qui rapproche Dieu d'eux-mêmes est bienfaisant. Pour moi, c'est tout ce qui l'éloigne. Entre moi et lui, l'épaisseur de l'univers - et celle de la croix - s'y ajoute.

. . .

La douleur est à la fois tout à fait extérieure et tout à fait essentielle à l'innocence.

Sang sur la neige. L'innocence et le mal. Que le mal lui-même soit pur. Il ne peut être pur que sous la forme de la souffrance d'un innocent. Un innocent qui souffre répand sur le mal la lumière du salut. Il est l'image visible du Dieu innocent. C'est pourquoi un Dieu qui aime l'homme, un homme qui aime Dieu, doivent souffrir.

L'innocence heureuse. Quelque chose aussi d'infiniment précieux. Mais c'est un bonheur précaire, fragile, un bonheur de hasard. Fleurs de pommier. Le bonheur n'est pas lié à l'innocence.

Être innocent, c'est supporter le poids de l'univers entier. C'est jeter le contrepoids.

En se vidant, on s'expose à toute la pression de l'univers environnant.

Dieu se donne aux hommes en tant que puissant ou en tant que parfait - à leur choix.

BALANCE ET LEVIER

Croix comme balance, comme levier. Descente, condition de la montée. Le ciel descendant sur terre soulève la terre au ciel.

Levier. Abaisser quand on veut élever.

C'est de la même manière que « celui qui s'abaisse sera élevé ».

Il y a aussi une nécessité et des lois dans le domaine de la grâce. « L'enfer même a ses lois » (Goethe). Le ciel aussi.

Une nécessité rigoureuse qui exclut tout arbitraire, tout hasard, règle les phénomènes matériels. Il y a, si possible, moins encore d'arbitraire et de hasard dans les choses spirituelles, quoique libres.

Un, le plus petit des nombres. « Le un qui est l'unique sage. » C'est lui l'infini. Un nombre qui croît pense qu'il s'approche de l'infini. Il s'en éloigne. Il faut s'abaisser pour s'élever.

Si 1 est Dieu, ∞ est le diable.

La misère humaine contient le secret de la sagesse divine, et non pas le plaisir. Toute recherche d'un plaisir est recherche d'un paradis artificiel, d'une ivresse, d'un accroissement. Mais elle ne nous donne rien, sinon l'expérience qu'elle est vaine. Seule la contemplation de nos limites et de notre misère nous met un plan au-dessus.

« Qui s'abaisse sera élevé. »

Le mouvement ascendant en nous est vain (et pire que vain) s'il ne procède pas d'un mouvement descendant.

. . .

Statera *facta corporis*. C'est le corps crucifié qui est une balance juste, le corps réduit à son point dans le temps et l'espace.

Ne pas juger. À la manière du Père des cieux qui ne juge pas : par lui les êtres se jugent. Laisser venir à soi tous les êtres, et qu'ils se jugent eux-mêmes. Être une balance.

On ne sera pas jugé alors, étant devenu une image du véritable juge qui ne juge pas.

Quand l'univers pèse tout entier sur nous, il n'y a pas d'autre contrepoids possible que Dieu lui-même - le vrai Dieu, car les faux dieux n'y peuvent rien, même sous le nom du vrai. Le mal est infini au sens de l'indéterminé : matière, espace, temps. Sur ce genre d'infini, seul le véritable infini l'emporte. C'est pourquoi la croix est une balance où un corps frêle et léger, mais qui était Dieu, a soulevé le poids du monde entier. « Donne-moi un point d'appui, et je soulèverai le monde. » Ce point d'appui est la croix. Il ne peut y en avoir d'autre. Il faut qu'il soit à l'intersection du monde et de ce qui n'est pas le monde. La croix est cette intersection.

L'IMPOSSIBLE

La vie humaine est *impossible*. Mais le malheur seul le fait sentir.
    Le bien impossible : « Le bien entraîne le mal, le mal et le bien, et quand cela finira-t-il ? »
Le bien est impossible. - Mais l'homme a toujours l'imagination à sa disposition pour se cacher cette impossibilité du bien dans chaque cas particulier (il suffit, pour chaque événement qui ne nous broie pas nous-mêmes, de voiler une partie du mal et d'ajouter du bien fictif - et certains le peuvent, même s'ils sont broyés eux-mêmes) et, du même coup, pour se cacher « de combien diffère l'essence du nécessaire de celle du bien » et s'interdire de vraiment rencontrer Dieu qui n'est pas autre chose que le bien lui-même, lequel ne se trouve nulle part en ce monde.

Le désir est impossible ; il détruit son objet. Les amants ne peuvent pas être un ni Narcisse être deux. Don Juan, Narcisse. Parce que désirer quelque chose est impossible, il faut désirer le rien.

Notre vie est impossibilité, absurdité. Chaque chose que nous voulons est contradictoire avec les conditions ou les conséquences qui y sont attachées, chaque affirmation que nous posons implique l'affirmation contraire, tous nos sentiments sont mélangés à leurs contraires. C'est que nous sommes contradiction, étant des créatures, étant Dieu et infiniment autres que Dieu.

La contradiction seule fait la preuve que nous ne sommes pas tout. La contradiction est notre misère, et le sentiment de notre misère est le sentiment de la réalité. Car notre misère, nous ne la fabriquons pas. Elle est vraie. C'est pourquoi il faut la chérir. Tout le reste est imaginaire.

L'impossibilité est la porte vers le surnaturel. On ne peut qu'y frapper. C'est un autre qui ouvre.

. . .

Il faut toucher l'impossibilité pour sortir du rêve. Il n'y a pas d'impossibilité en rêve. Seulement l'impuissance.

« Notre Père, celui des cieux. » Il y a là une sorte d'humour. C'est votre Père, mais essayez un peu d'aller le chercher là-haut ! Nous sommes exactement aussi incapables de nous décoller qu'un ver de terre. Et comment, lui, viendrait-il à nous sans descendre ? Il n'y a aucune manière de se représenter un rapport entre Dieu et l'homme qui ne soit aussi inintelligible que l'Incarnation. L'Incarnation fait éclater cette inintelligibilité. Elle est la manière la plus concrète de penser cette descente impossible. Dès lors, pourquoi ne serait-elle pas la vérité ?

Les liens que nous ne pouvons pas nouer sont le témoignage du transcendant.

Nous sommes des êtres connaissant, voulant et aimant, et dès que nous portons l'attention sur les objets de la connaissance, de la volonté et de l'amour, nous reconnaissons avec évidence qu'il n'y en a pas qui ne soient *impossibles*. Le mensonge seul peut voiler cette évidence. La conscience de cette impossibilité nous force à désirer continuellement saisir l'insaisissable à travers tout ce que nous désirons, connaissons et voulons.

Quand quelque chose semble impossible à obtenir, quelque effort que l'on fasse, cela indique une limite infranchissable à ce niveau et la nécessité d'un changement de niveau, d'une rupture de plafond. S'épuiser en efforts à ce niveau dégrade. Il vaut mieux accepter la limite, la contempler et en savourer toute l'amertume.

L'erreur comme mobile, source d'énergie. Je crois voir un ami. Je cours à lui. Un peu plus près, je m'aperçois que celui vers lequel je cours est un autre, un inconnu. De même, nous confondons le relatif avec l'absolu, les choses créées avec Dieu.

Tous les mobiles particuliers sont des erreurs. L'énergie qui n'est fournie par aucun mobile est seule bonne : l'obéissance à Dieu, c'est-à-dire, pour autant que Dieu déborde tout ce que nous pouvons imaginer ou concevoir, l'obéissance à rien. Cela est impossible et nécessaire à la fois - autrement dit surnaturel.

Un bienfait. C'est une bonne action si, en l'accomplissant, on a conscience avec toute l'âme qu'un bienfait est chose absolument impossible.

Faire le bien. Quoi que je fasse, je sais d'une manière parfaitement claire que ce n'est pas le bien. Car celui qui n'est pas bon ne fait pas le bien. Et « Dieu seul est bon »...

Dans toute situation, quoi qu'on fasse, on fait mal, et un mal intolérable.

Il faut demander que tout le mal qu'on fait tombe seulement et directement sur soi. C'est la croix.

Est bonne l'action qu'on peut accomplir en maintenant l'attention et l'intention totalement orientées vers le bien pur et impossible, sans se voiler par aucun mensonge ni l'attrait ni l'impossibilité du bien pur.

Par là, la vertu est tout à fait analogue à l'inspiration artistique. Est beau le poème qu'on compose en maintenant l'attention orientée vers l'inspiration inexprimable, en tant qu'inexprimable.

CONTRADICTION

Les contradictions auxquelles l'esprit se heurte, seules réalités, critérium du réel. Pas de contradiction dans l'imaginaire. La contradiction est l'épreuve de la nécessité.

La contradiction éprouvée jusqu'au fond de l'être, c'est le déchirement, c'est la croix.

Quand l'attention fixée sur quelque chose y a rendu manifeste la contradiction, il se produit comme un décollement. En persévérant dans cette voie, on parvient au détachement.

La corrélation représentable des contraires est une image de la corrélation transcendante des contradictoires.

Tout bien véritable comporte des conditions contradictoires, et par suite est impossible. Celui qui tient son attention vraiment fixée sur cette impossibilité et agit fera le bien.

De même toute vérité enferme une contradiction.

La contradiction est la pointe de la pyramide.

Le mot bien n'a pas le même sens comme terme de la corrélation bien-mal ou comme désignant l'être même de Dieu.

Existence des vertus contraires dans l'âme des saints. La métaphore de l'élévation correspond à cela. Si je marche au flanc d'une montagne, je peux voir d'abord un lac, puis, après quelques pas, une forêt. Il faut choisir : ou le lac ou la forêt. Si je veux voir à la fois le lac et la forêt, je dois monter plus haut.

Seulement la montagne n'existe pas. Elle est faite d'air. On ne peut pas monter : il faut être tiré.

Preuve ontologique expérimentale. Je n'ai pas en moi de principe d'ascension. Je ne puis grimper dans l'air jusqu'au ciel. C'est seulement en orientant ma pensée vers quelque chose de meilleur que moi, que ce quelque chose me tire vers le haut. Si je suis réellement tiré, ce quelque chose est réel. Aucune perfection imaginaire ne peut me tirer en haut, même d'un millimètre. Car une perfection imaginaire se trouve automatiquement au niveau de moi qui l'imagine, ni plus haut ni plus bas.

Cet effet de l'orientation de la pensée n'est en rien comparable à la suggestion. Si je me dis tous les matins : je suis courageuse, je n'ai pas peur, je peux devenir courageuse, mais d'un courage qui sera conforme à ce que, dans mon imperfection actuelle, je me représente sous ce nom et qui, par suite, n'ira pas au-delà de cette imperfection. Ce sera une modification sur le même plan, non un changement de plan.

La contradiction est le critérium. On ne peut pas se procurer par suggestion des choses incompatibles. La grâce seule le peut. Un être tendre qui devient courageux par suggestion s'endurcit, souvent même il s'ampute lui-même de sa tendresse par une sorte de plaisir sauvage. La grâce seule peut donner du courage en laissant la tendresse intacte ou de la tendresse en laissant le courage intact.

La grande douleur de l'homme, qui commence dès l'enfance et se poursuit jusqu'à la mort, c'est que regarder et manger sont deux opérations différentes. La béatitude éternelle est un état où regarder c'est manger.

Ce qu'on regarde ici-bas n'est pas réel, c'est un décor. Ce qu'on mange est détruit, n'est plus réel.

Le péché a produit en nous cette séparation.

Les vertus naturelles, si on prend le mot vertu au sens authentique, c'est-à-dire en excluant les imitations sociales de la vertu, ne sont possibles, en tant que comportements permanents, qu'à celui qui a en lui la grâce surnaturelle. Leur durée est surnaturelle.

Contraires et contradictoires. Ce que peut le rapport des contraires pour toucher l'être naturel, les contradictoires pensés ensemble le peuvent pour toucher Dieu.

Un homme inspiré de Dieu est un homme qui a des comportements, des pensées, des sentiments liés par un lien non représentable.

. . .

Idée pythagoricienne : le bien se définit toujours par l'union des contraires. Quand on l'a éprouvé, on retourne au premier. C'est ce que la Gîta nomme « l'égarement des contraires ». La dialectique marxiste est une vue très dégradée et tout à fait faussée de cela.

Mauvaise union des contraires. L'impérialisme ouvrier développé par le marxisme. Proverbes latins sur l'insolence des esclaves nouvellement affranchis. L'insolence et la servilité s'aggravent mutuellement. Les anarchistes sincères, entrevoyant à travers un brouillard le principe de l'union des contraires, ont cru qu'en donnant le pouvoir aux opprimés on détruit le mal. Rêve impossible.

Qu'y a-t-il donc de spécifique dans la mauvaise et dans la bonne union des contraires ?

La mauvaise union des contraires (mauvaise parce que mensongère) est celle qui se fait sur le plan où sont les contraires. Ainsi l'octroi de la domination aux opprimés : on ne sort pas du couple oppression-domination.

La bonne union des contraires se fait sur le plan au-dessus. Ainsi, l'opposition entre la domination et l'oppression se dénoue au niveau de la loi, qui est l'équilibre.

De même la douleur (et c'est là sa fonction propre) sépare les contraires unis pour les unir à nouveau sur le plan au-dessus de celui de leur union première. Pulsation douleur-joie. Mais la joie l'emporte toujours mathématiquement.

La douleur est violence, la joie est douceur, mais la joie est la plus forte.

L'union des contradictoires est écartèlement : elle est impossible sans une extrême souffrance.

La corrélation des contradictoires est détachement. Un attachement à une chose particulière ne peut être détruit que par un attachement incompatible. C'est pourquoi : « Aimez vos ennemis... Celui qui ne hait pas son père et sa mère... »

Ou on s'est soumis les contraires, ou on est soumis aux contraires.

Existence simultanée des incompatibles dans le comportement de l'âme ; balance qui penche des deux côtés à la fois : c'est la sainteté, la réalisation du microcosme, l'imitation de l'ordre du monde.

Existence simultanée des vertus contraires dans l'âme comme pinces pour atteindre Dieu.

Trouver et formuler certaines lois de la condition humaine dont beaucoup de remarques profondes mettent en lumière des cas particuliers.

Ainsi : ce qui est tout à fait supérieur reproduit ce qui est tout à fait inférieur, mais transposé.

Parenté du mal avec la force, avec l'être, et du bien avec la faiblesse, le néant.

Et en même temps le mal est privation. Élucider la manière qu'ont les contradictoires d'être vrais.

Méthode d'investigation : dès qu'on a pensé quelque chose, chercher en quel sens le contraire est vrai.

Le mal est l'ombre du bien. Tout bien réel, pourvu de solidité et d'épaisseur, projette du mal. Seul le bien imaginaire n'en projette pas.

Tout bien étant attaché à un mal, si on désire le bien et si on ne veut pas répandre autour de soi le mal correspondant, on est obligé, puisqu'on ne peut pas éviter ce mal, de le concentrer sur soi.

Ainsi le désir du bien tout à fait pur implique l'acceptation pour soi du dernier degré de malheur.

Si on désire seulement le bien, on est en opposition avec la loi qui lie le bien réel au mal comme l'objet éclairé à l'ombre, et étant en opposition avec la loi universelle du monde, il est inévitable qu'on tombe dans le malheur.

Le mystère de la croix du Christ réside dans une contradiction, car c'est à la fois une offrande consentie et un châtiment qu'il a subi bien malgré lui. Si on n'y voyait que l'offrande, on pourrait en vouloir autant pour soi. Mais on ne peut pas vouloir un châtiment subi malgré soi.

LA DISTANCE ENTRE LE NÉCESSAIRE ET LE BIEN

La nécessité est le voile de Dieu.
Dieu a confié tous les phénomènes sans exception au mécanisme du monde.
Comme il y a en Dieu l'analogue de toutes les vertus humaines, aussi de l'obéissance. C'est le jeu qu'il laisse en ce monde à la nécessité.
La nécessité, image saisissable pour l'intelligence de l'indifférence, de l'impartialité de Dieu.
Ainsi la notion ordinaire de miracle est une espèce d'impiété (un fait qui n'aurait pas de cause seconde, mais seulement une cause première).
La distance entre le nécessaire et le bien est la distance même entre la créature et le créateur.
La distance entre le nécessaire et le bien. À contempler sans fin. La grande découverte de la Grèce. La chute de Troie leur avait sans doute appris cela.
Tout essai de justification du mal par autre chose que par : cela est, est une faute contre cette vérité.

Nous n'aspirons qu'à rejeter l'intolérable fardeau du couple bien-mal, fardeau assumé par Adam et Ève.
Pour cela, il faut ou confondre « l'essence du nécessaire et celle du bien » ou sortir de ce monde.
Pour purifier le mal, il n'y a que Dieu ou la bête sociale. La pureté purifie le mal. La force aussi, tout autrement. À qui peut tout, tout est permis. Qui sert un tout-puissant, peut tout en lui. La force délivre du couple des contraires bien-mal. Elle délivre qui l'exerce, et même aussi qui la subit. Un maître a toute licence, un esclave aussi. L'épée, à la poignée et à la pointe, délivre de

l'obligation qui est le poids intolérable. La grâce en délivre aussi, mais on n'y va que par l'obligation.

On n'échappe à la limite qu'en montant vers l'unité ou en descendant vers l'illimité.

La limite est le témoignage que Dieu nous aime.

L'attente de la fin prochaine du monde a modelé le comportement de l'Église primitive. Cette croyance produisait en eux « l'oubli de la distance immense qui sépare le nécessaire du bien ».

L'absence de Dieu est le plus merveilleux témoignage du parfait amour, et c'est pourquoi la pure nécessité, la nécessité manifestement différente du bien est si belle.

L'illimité est *l'épreuve* de l'un. Le temps, de l'éternel. Le possible, du nécessaire. La variation, de l'invariant.

La valeur d'une science, d'une oeuvre d'art, d'une morale ou d'une âme se mesure à son degré de *résistance* à cette épreuve.

HASARD

Les êtres que j'aime sont des créatures. Ils sont nés du hasard. Ma rencontre avec eux est aussi un hasard. Ils mourront. Ce qu'ils pensent, ce qu'ils sentent et ce qu'ils font est limité et mélangé de bien et de mal.

Savoir cela de toute son âme et ne pas les aimer moins.

Imiter Dieu qui aime infiniment les choses finies en tant que choses finies.

Nous voudrions que tout ce qui a une valeur fût éternel. Or tout ce qui a une valeur est le produit d'une rencontre, dure par rencontre et cesse lorsque ce qui s'était rencontré se sépare. C'est la pensée centrale du bouddhisme (pensée héraclitéenne). Elle mène tout droit à Dieu.

La méditation sur le hasard qui a fait rencontrer mon père et ma mère est plus salutaire encore que celle de la mort.

Y a-t-il une chose en moi qui n'ait pas son origine dans cette rencontre ? Dieu seul. Et encore ma pensée de Dieu a son origine dans cette rencontre.

Étoiles et arbres fruitiers en fleur. La permanence complète et l'extrême fragilité donnent également le sentiment de l'éternité.

Les théories sur le progrès, sur le « génie qui perce toujours », procèdent de ce qu'il est intolérable de se représenter ce qu'il y a de plus précieux dans le monde livré au hasard. C'est parce que cela est intolérable que cela doit être contemplé.

La création, c'est cela même.

SIMONE WEIL

Le seul bien qui ne soit pas sujet au hasard est celui qui est hors du monde.

La vulnérabilité des choses précieuses est belle parce que la vulnérabilité est une marque d'existence.
Destruction de Troie. Chute de pétales d'arbres fruitiers en fleur. Savoir que le plus précieux n'est pas enraciné dans l'existence. Cela est beau. Pourquoi ? Projette l'âme hors du temps.
La femme qui souhaite un enfant blanc comme la neige, rouge comme le sang, l'obtient, mais elle meurt et l'enfant est livré à une belle-mère.

CELUI QU'IL FAUT AIMER EST ABSENT

Dieu ne peut être présent dans la création que sous la forme de l'absence.
    Le mal et l'innocence de Dieu. Il faut placer Dieu à une distance infinie pour le concevoir innocent du mal : réciproquement, le mal indique qu'il faut placer Dieu à une distance infinie.

Ce monde en tant que tout à fait vide de Dieu est Dieu lui-même.
    C'est pourquoi toute consolation dans le malheur éloigne de l'amour et de la vérité.
    C'est là le mystère des mystères. Quand on le touche, on est en sécurité.
    « Dans l'Orient désert... » Il faut être dans un désert. Car celui qu'il faut aimer est absent.
    Celui qui met sa vie dans sa foi en Dieu peut perdre sa foi.

Mais celui qui met sa vie en Dieu lui-même, celui-là ne la perdra jamais. Mettre sa vie dans ce qu'on ne peut pas du tout toucher. C'est impossible. C'est une mort. C'est cela qu'il faut.

Rien de ce qui existe n'est absolument digne d'amour.
    Il faut donc aimer ce qui n'existe pas.
    Mais cet objet d'amour qui n'existe pas n'est pas une fiction. Car nos fictions ne peuvent être plus dignes d'amour que nous-mêmes qui ne le sommes pas.

    . . .

Consentement au bien, non pas à aucun bien saisissable, représentable, mais consentement inconditionné au bien absolu.

En consentant à ce que nous nous représentons comme étant le bien, nous consentons à un mélange de bien et de mal, et ce consentement produit du bien et du mal : la proportion de bien et de mal en nous ne change pas. Au contraire, le consentement inconditionné au bien que nous ne pouvons pas et ne pourrons jamais nous représenter, ce consentement est du bien pur et ne produit que du bien, et il suffit qu'il dure pour qu'en fin de compte l'âme tout entière ne soit que bien.

La foi (quand il s'agit d'une interprétation surnaturelle du naturel) est une conjecture par analogie basée sur des expériences surnaturelles. Ainsi ceux qui possèdent le privilège de la contemplation mystique, ayant fait l'expérience de la miséricorde de Dieu, supposent que, Dieu étant miséricorde, le monde créé est œuvre de miséricorde. Mais quant à constater cette miséricorde directement dans la nature, il faut se rendre aveugle, sourd, sans pitié pour croire qu'on le peut. Aussi les Juifs et les Musulmans, qui veulent trouver dans la nature les preuves de la miséricorde divine, sont-ils impitoyables. Et les chrétiens souvent aussi.

C'est pourquoi la mystique est la seule source de la vertu d'humanité. Car ne pas croire que derrière le rideau du monde il y ait une miséricorde infinie ou croire que cette miséricorde est devant le rideau, ces deux choses rendent cruel.

Il y a quatre témoignages de la miséricorde divine ici-bas. Les faveurs de Dieu aux êtres capables de contemplation (ces états existent et font partie de leur expérience de créatures). Le rayonnement de ces êtres et leur compassion qui est la compassion divine en eux. La beauté du monde. Le quatrième témoignage est l'absence complète de miséricorde ici-bas.

Incarnation. Dieu est faible parce qu'il est impartial. Il envoie les rayons du soleil et la pluie sur les bons comme sur les méchants. Cette indifférence du Père et la faiblesse du Christ se répondent. Absence de Dieu. Le royaume des cieux est comme un grain de sénevé... Dieu ne change rien à rien. On a tué le Christ, par colère, parce qu'il n'était que Dieu.

Si je pensais que Dieu m'envoie la douleur par un acte de sa volonté et pour mon bien, je croirais être quelque chose, et je négligerais l'usage principal de la douleur, qui est de m'apprendre que je ne suis rien. Il ne faut donc rien penser de semblable. Mais il faut aimer Dieu à travers la douleur.

Je dois aimer être rien. Comme ce serait horrible si j'étais quelque chose. Aimer mon néant, aimer être néant. Aimer avec la partie de l'âme qui est située de l'autre côté du rideau, car la partie de l'âme qui est perceptible à la conscience ne peut pas aimer le néant, elle en a horreur. Si elle croit l'aimer, ce qu'elle aime est autre chose que le néant.

Dieu envoie le malheur indistinctement aux méchants comme aux bons, ainsi que la pluie et le soleil. Il n'a pas réservé la croix du Christ. Il n'entre en contact avec l'individu humain comme tel que par la grâce purement spirituelle qui répond au regard tourné vers lui, c'est-à-dire dans la mesure exacte où l'individu cesse d'en être un. Aucun événement n'est une faveur de Dieu, la grâce seule.

La communion est bonne aux bons et mauvaise aux mauvais. Ainsi les âmes damnées sont au paradis, mais pour elles le paradis est enfer.

Cri de la souffrance : pourquoi ? Résonne dans toute *l'Iliade*.

Expliquer la souffrance, c'est la consoler ; il ne faut donc pas qu'elle soit expliquée.

D'où la valeur éminente de la souffrance des innocents. Elle ressemble à l'acceptation du mal dans la création par Dieu qui est innocent.

Le caractère irréductible de la souffrance qui fait qu'on ne peut pas ne pas en avoir horreur au moment où on la subit a pour destination d'arrêter la volonté, comme l'absurdité arrête l'intelligence, comme l'absence arrête l'amour, afin qu'arrivé au bout des facultés humaines l'homme tende les bras, s'arrête, regarde et attende.

« Il se rit du malheur des innocents. » Silence de Dieu. Les bruits d'ici-bas imitent ce silence. Ils ne veulent rien dire.

C'est quand nous avons besoin jusqu'au fond des entrailles d'un bruit qui veuille dire quelque chose, quand nous crions pour obtenir une réponse et qu'elle ne nous est pas accordée, c'est là que nous touchons le silence de Dieu.

D'habitude notre imagination met des mots dans les bruits comme on joue paresseusement à voir des formes dans les fumées. Mais quand nous sommes trop épuisés, quand nous n'avons plus le courage de jouer, alors il nous faut de vrais mots. Nous crions pour en avoir. Le cri nous déchire les entrailles. Nous n'obtenons que le silence.

Après avoir passé par là, les uns se mettent à se parler à eux-mêmes comme les fous. Quoi qu'ils fassent après cela, il ne faut avoir pour eux que de la pitié. Les autres, peu nombreux, donnent tout leur coeur au silence.

L'ATHÉISME PURIFICATEUR

Cas de contradictoires vrais. Dieu existe, Dieu n'existe pas. Où est le problème ? Je suis tout à fait sûre qu'il y a un Dieu, en ce sens que je suis tout à fait sûre que mon amour n'est pas illusoire. Je suis tout à fait sûre qu'il n'y a pas de Dieu, en ce sens que je suis tout à fait sûre que rien de réel ne ressemble à ce que je peux concevoir quand je prononce ce nom. Mais cela que je ne puis concevoir n'est pas une illusion.

Il y a deux athéismes dont l'un est une purification de la notion de Dieu.
Peut-être que tout ce qui est mal a un autre aspect qui est une purification au cours du progrès vers le bien et un troisième qui est le bien supérieur.
Trois aspects à bien distinguer, car les confondre est un grand danger pour la pensée et pour la conduite effective de la vie.

Entre deux hommes qui n'ont pas l'expérience de Dieu, celui qui le nie en est peut-être le plus près.
Le faux Dieu qui ressemble en tout au vrai, excepté qu'on ne le touche pas, empêche à jamais d'accéder au vrai.
Croire en un Dieu qui ressemble en tout au vrai, excepté qu'il n'existe pas, car on ne se trouve pas au point où Dieu existe.

Les erreurs de notre époque sont du christianisme sans surnaturel. Le laïcisme en est la cause - et d'abord l'humanisme.
La religion en tant que source de consolation est un obstacle à la véritable foi : en ce sens l'athéisme est une purification. Je dois être athée avec la partie

de moi-même qui n'est pas faite pour Dieu. Parmi les hommes chez qui la partie surnaturelle d'eux-mêmes n'est pas éveillée, les athées ont raison et les croyants ont tort.

Un homme dont toute la famille aurait péri dans les tortures, qui lui-même aurait été longtemps torturé dans un camp de concentration. Ou un indien du XVIe siècle échappé seul à l'extermination complète de tout son peuple. De tels hommes, s'ils ont cru à la miséricorde de Dieu, ou bien n'y croient plus, ou bien la conçoivent tout autrement qu'auparavant. Je n'ai pas passé par de telles choses. Mais je sais qu'elles existent : dès lors, quelle différence ?

Je dois tendre à avoir de la miséricorde divine une conception qui ne s'efface pas, qui ne change pas, quelque événement que le destin envoie sur moi, et qui puisse être communiquée à n'importe quel être humain.

L'ATTENTION ET LA VOLONTÉ

Non pas comprendre des choses nouvelles, mais parvenir à force de patience, d'effort et de méthode à comprendre les vérités évidentes avec tout soi-même.

Étages de croyance. La vérité la plus vulgaire, quand elle envahit *toute l'âme*, est comme une révélation.

Essayer de remédier aux fautes par l'attention et non par la volonté.

La volonté n'a de prise que sur quelques mouvements de quelques muscles, associés à la représentation du déplacement des objets proches. Je peux vouloir mettre ma main à plat sur la table. Si la pureté intérieure, ou l'inspiration, ou la vérité dans la pensée étaient nécessairement associées à des attitudes de ce genre, elles pourraient être objet de volonté. Comme il n'en est rien, nous ne pouvons que les implorer. Les implorer, c'est croire que nous avons un Père dans les cieux. Ou cesser de les désirer ? Quoi de pire ? La supplication intérieure est seule raisonnable, car elle évite de raidir des muscles qui n'ont rien à voir dans l'affaire. Quoi de plus sot que de raidir les muscles et serrer les mâchoires à propos de vertu, ou de poésie, ou de la solution d'un problème ? L'attention est tout autre chose ?

L'orgueil est un tel raidissement. Il y a manque de grâce (au double sens du mot) chez l'orgueilleux. C'est l'effet d'une erreur.

L'attention, à son plus haut degré, est la même chose que la prière. Elle suppose la foi et l'amour.

L'attention absolument sans mélange est prière.

Si on tourne l'intelligence vers le bien, il est impossible que peu à peu toute l'âme n'y soit pas attirée malgré elle.

L'attention extrême est ce qui constitue dans l'homme la faculté créatrice, et il n'y a d'attention extrême que religieuse. La quantité de génie créateur d'une époque est rigoureusement proportionnelle à la quantité d'attention extrême, donc de religion authentique à cette époque.

Mauvaise manière de chercher. Attention attachée à un problème. Encore un phénomène d'horreur du vide. On ne veut pas avoir perdu son effort. Acharnement à la chasse. Il ne faut pas vouloir trouver : comme dans le cas d'un dévouement excessif on devient dépendant de l'objet de l'effort. On a besoin d'une récompense extérieure que parfois le hasard fournit et qu'on est prêt à recevoir au prix d'une déformation de la vérité.

C'est seulement l'effort sans désir (non attaché à un objet) qui enferme infailliblement une récompense.

Reculer devant l'objet qu'on poursuit. Seul ce qui est indirect est efficace. On ne fait rien si l'on n'a d'abord reculé.

En tirant sur la grappe, on fait tomber les grains à terre.

Il y a des efforts qui ont l'effet contraire du but recherché (exemple : dévotes aigries, faux ascétismes, certains dévouements, etc.). D'autres sont toujours utiles, même s'ils n'aboutissent pas.

Comment distinguer ?

Peut-être : les uns sont accompagnés de la négation (mensongère) de la misère intérieure. Les autres de l'attention continuellement concentrée sur la distance entre ce qu'on est et ce qu'on aime.

L'amour instruit les dieux et les hommes, car nul n'apprend sans désirer apprendre. La vérité est recherchée non pas en tant que vérité, mais en tant que bien.

L'attention est liée au désir. Non pas à la volonté, mais au désir. Ou plus exactement, au consentement.

On libère en soi de l'énergie. Mais sans cesse elle s'attache de nouveau. Comment la libérer toute ? Il faut désirer que cela soit fait en nous. Le désirer vraiment. Simplement le désirer, non pas tenter de l'accomplir. Car toute tentative en ce sens est vaine et se paie cher. Dans une telle oeuvre, tout ce que je nomme « je » doit être passif. L'attention seule, cette attention si pleine que le « je » disparaît, est requise de moi. Priver tout ce que je nomme « je » de la lumière de l'attention et la reporter sur l'inconcevable.

La capacité de chasser une fois pour toutes une pensée est la porte de l'éternité. L'infini dans un instant.

À l'égard des tentations, prendre exemple sur la femme très chaste qui ne répond rien au séducteur lorsqu'il lui parle et feint de ne pas l'entendre.

Nous devons être indifférents au bien et au mal, mais, en étant indifférents, c'est-à-dire en projetant également sur l'un et sur l'autre la lumière de l'attention, le bien l'emporte par un phénomène automatique. C'est là la grâce essentielle. Et c'est la définition, le critérium du bien.

Une inspiration divine opère infailliblement, irrésistiblement, si on n'en détourne pas l'attention, si on ne la refuse pas. Il n'y a pas un choix à faire en sa faveur, il suffit de ne pas refuser de reconnaître qu'elle est.

L'attention tournée avec amour vers Dieu (ou, à un degré moindre, vers toute chose authentiquement belle) rend certaines choses impossibles. Telle est l'action non agissante de la prière dans l'âme. Il est des comportements qui voileraient cette attention s'ils se produisaient et que, réciproquement, cette attention rend impossibles.

Dès qu'on a un point d'éternité dans l'âme, on n'a rien de plus à faire que de le préserver, car il s'accroît de lui-même, comme une graine. Il faut maintenir autour de lui une garde armée, immobile, et la nourrir de la contemplation des nombres, des rapports fixes et rigoureux.

On nourrit l'invariant qui est dans l'âme par la contemplation de l'invariant qui est dans le corps.

On écrit comme on accouche ; on ne peut pas s'empêcher de faire l'effort suprême. Mais on agit aussi de même. Je n'ai pas à craindre de ne pas faire l'effort suprême. À condition seulement de ne pas me mentir et de faire attention.

Le poète produit le beau par l'attention fixée sur du réel. De même l'acte d'amour. Savoir que cet homme, qui a faim et soif, existe vraiment autant que moi - cela suffit, le reste suit de lui-même.

Les valeurs authentiques et pures de vrai, de beau et de bien dans l'activité d'un être humain se produisent par un seul et même acte, une certaine application à l'objet de la plénitude de l'attention.

L'enseignement ne devrait avoir pour fin que de préparer la possibilité d'un tel acte par l'exercice de l'attention.

Tous les autres avantages de l'instruction sont sans intérêt.

Études et foi. La prière n'étant que l'attention sous sa forme pure et les études constituant une gymnastique de l'attention, chaque exercice scolaire doit être une réfraction de vie spirituelle. il y faut une méthode.

Une certaine manière de faire une version latine, une certaine manière de faire un problème de géométrie (et non pas n'importe quelle manière) constituent une gymnastique de l'attention propre à la rendre plus apte à la prière.

Méthode pour comprendre les images, les symboles, etc. Non pas essayer de les interpréter, mais les regarder jusqu'à ce que la lumière jaillisse.
 D'une manière générale, méthode d'exercer l'intelligence, qui consiste à regarder.
 Application de cette méthode pour la discrimination du réel et de l'illusoire. Dans la perception sensible, si on n'est pas sûr de ce qu'on voit, on se déplace en regardant, et le réel apparaît. Dans la vie intérieure, le temps tient lieu d'espace. Avec le temps on est modifié et si, à travers les modifications, on garde le regard orienté vers la même chose, en fin de compte l'illusion se dissipe et le réel apparaît. La condition est que l'attention soit un regard et non un attachement.

Quand il y a lutte entre la volonté attachée à une obligation et un désir mauvais, il y a usure de l'énergie attachée au bien. Il faut subir la morsure du désir passivement, comme une souffrance où on éprouve sa misère, et maintenir l'attention tournée vers le bien. Il y a alors élévation dans l'échelle des qualités d'énergie.
 Voler aux désirs leur énergie en leur enlevant leur orientation dans le temps.

Nos désirs sont infinis dans leurs prétentions, mais limités par l'énergie dont ils procèdent. C'est pourquoi, avec le secours de la grâce, on peut les dominer et, en les usant, les détruire. Dès qu'on l'a clairement compris, on les a virtuellement vaincus, si l'on conserve l'attention au contact de cette vérité.
 Video meliora... Dans ces états, il semble qu'on pense le bien, et on le pense en un sens, mais on n'en pense pas la possibilité.
 Le vide qu'on saisit dans les pinces de la contradiction est incontestablement celui d'en haut car on le saisit d'autant mieux que l'on aiguise davantage les facultés naturelles d'intelligence, de volonté et d'amour. Le vide d'en bas est celui où l'on tombe en laissant s'atrophier les facultés naturelles.
 L'expérience du transcendant : cela semble contradictoire, et pourtant le transcendant ne peut être connu que par le contact, puisque nos facultés ne peuvent pas le fabriquer.
 Solitude. En quoi donc en consiste le prix ? Car on est en présence de la simple matière (même le ciel, les étoiles, la lune, les arbres en fleur), de choses

de moindre prix (peut-être) qu'un esprit humain. Le prix en consiste dans la possibilité supérieure d'attention. Si on pouvait être attentif au même degré en présence d'un être humain...

Nous ne pouvons savoir qu'une chose de Dieu : qu'il est ce que nous ne sommes pas. Notre misère seule en est l'image. Plus nous la contemplons, plus nous le contemplons.

Le péché n'est pas autre chose que la méconnaissance de la misère humaine. C'est de la misère inconsciente et par là même coupable. L'histoire du Christ est la preuve expérimentale que la misère humaine est irréductible, que chez l'homme absolument sans péché, elle est aussi grande que chez le pécheur. Elle est seulement éclairée...

La connaissance de la misère humaine est difficile au riche, au puissant, parce qu'il est presque invinciblement porté à croire qu'il est quelque chose. Elle est également difficile au misérable parce qu'il est presque invinciblement porté à croire que le riche, le puissant est quelque chose.

Ce n'est pas la faute qui constitue le péché mortel, mais le degré de lumière qui est dans l'âme quand la faute, quelle qu'elle soit, est accomplie.

La pureté est le pouvoir de contempler la souillure.

L'extrême pureté peut contempler et le pur et l'impur ; l'impureté ne peut ni l'un ni l'autre : le premier lui fait peur, le second l'absorbe. Il lui faut un mélange.

DRESSAGE

Il faut accomplir le possible pour toucher l'impossible. L'exercice correct, conforme au devoir, des facultés naturelles de volonté, d'amour et de connaissance est exactement à l'égard des réalités spirituelles ce qu'est le mouvement du corps par rapport à la perception des objets sensibles. Un paralysé ne perçoit pas.

L'accomplissement du devoir strictement humain est du même ordre que la correction dans les opérations de rédiger, de traduire, de calculer, etc. Rédiger cette correction est un manque de respect à l'égard de l'objet. De même négliger le devoir.

Les choses relatives à l'inspiration seules se nourrissent de délais. Celles relatives au devoir naturel, à la volonté ne souffrent pas de délai.

Les préceptes ne sont pas donnés pour être pratiqués, mais la pratique est prescrite pour l'intelligence des préceptes. Ce sont des gammes. On ne joue pas Bach sans avoir fait des gammes. Mais on ne fait pas non plus la gamme pour la gamme.

Dressage. - À chaque pensée d'orgueil involontaire qu'on surprend en soi, tourner quelques instants le plein regard de l'attention sur le souvenir d'une humiliation de la vie passée, et choisir la plus amère, la plus intolérable possible.

Il ne faut pas essayer de changer en soi ou d'effacer désirs et aversions, plaisirs et douleurs. il faut les subir passivement, comme les sensations de couleur et sans leur accorder plus de crédit. Si ma vitre est rouge, je ne peux pas, quand je me raisonnerais jour et nuit pendant un an, ne pas voir ma chambre en rose. Je sais aussi qu'il est nécessaire, juste et bon que je la voie ainsi. En même temps, je n'accorde à cette couleur, en tant que renseignement, qu'un crédit limité par la connaissance de son rapport avec la vitre. Accepter ainsi et non autrement les désirs et aversions, plaisirs et douleurs de toute espèce qui se produisent en moi.

D'autre part, comme on a aussi en soi un principe de violence, à savoir la volonté, il faut aussi, dans une mesure limitée, mais dans la plénitude de cette mesure, user violemment de ce principe violent ; se contraindre par violence à agir comme si on n'avait pas tel désir, telle aversion, essayer de persuader la sensibilité, en la contraignant d'obéir. Elle se révolte alors, et il faut subir passivement cette révolte, la goûter, la savourer, l'accepter comme une chose extérieure, comme la couleur rose de la chambre dont la vitre est rouge.

Chaque fois qu'on se fait violence dans cet esprit, on avance peu ou beaucoup mais réellement, dans l'opération du dressage de l'animal en soi.

Bien entendu, il faut pour que cette violence sur soi serve vraiment au dressage, qu'elle ne soit qu'un simple moyen. Quand on dresse un chien pour en faire un chien savant, on ne le fouette pas pour le fouetter, mais pour le dresser et, à cet effet, on le frappe seulement quand il manque un exercice. Si on le fouette sans méthode, on finit par le rendre impropre à tout dressage, et c'est ce que produit le mauvais ascétisme.

Les violences sur soi ne sont permises que lorsqu'elles procèdent de la raison (en vue d'exécuter ce qu'on se représente clairement comme le devoir) - ou bien lorsqu'elles sont imposées par une impulsion irrésistible de la grâce (mais alors ce n'est pas de soi que procède la violence).

La source de mes difficultés est que par épuisement, par absence d'énergie vitale, je suis au-dessous du niveau de l'activité normale. Et si quelque chose me prend et me soulève, je suis au-dessus. Alors il me semblerait malheureux de gaspiller ce temps en activités ordinaires. Dans les autres moments, j'aurais à me faire une violence que je ne parviens pas à tirer de moi.

Je pourrais accepter l'anomalie de comportement qui en résulte. Mais je sais, je crois savoir que je ne dois pas. Elle comporte des crimes d'omission envers autrui. Et moi, elle m'emprisonne.

Quelle méthode alors ?

« Si tu veux, tu peux me rendre pur.» [en grec dans le texte].

Je dois m'exercer à transformer le sentiment d'effort en sentiment passif de souffrance. Quoi que j'en aie, quand Dieu m'envoie la souffrance, je suis bien forcée de souffrir tout ce qu'il y a à souffrir. Pourquoi, en face du devoir, ne pas faire de la même manière tout ce qu'il y a à faire ?

Montagnes, rochers, tombez sur nous et cachez-nous loin de la colère de l'agneau.

Je mérite en ce moment cette colère.

Ne pas oublier que d'après saint Jean de la Croix les inspirations qui détournent de l'accomplissement des obligations faciles et basses viennent du mauvais côté.

Le devoir nous est donné pour tuer le moi. Et je laisse rouiller un instrument si précieux.

Il faut accomplir son devoir au moment prescrit pour croire à la réalité du monde extérieur.

Il faut croire à la réalité du temps. Autrement on rêve.

Il y a des années que j'ai reconnu cette tare en moi, que j'en ai reconnu l'importance et que je n'ai rien fait pour l'abolir. Quelle excuse pourrais-je trouver ?

Ne s'est-elle pas accrue en moi depuis l'âge de dix ans ? Mais si grande qu'elle soit, elle est finie. Cela suffit. Si elle est grande au point de m'ôter la possibilité de l'effacer pendant cette vie et par suite de parvenir à l'état de perfection, cela doit être accepté comme tout ce qui est, d'une acceptation accompagnée d'amour. Il suffit que je sache qu'elle est, qu'elle est mauvaise, qu'elle est finie. Mais savoir effectivement chacune de ces trois choses et les trois ensemble implique le commencement et la continuation ininterrompue du processus de l'effacement. Si ce processus ne commence pas à se produire, c'est le signe que cela même que j'écris, je ne le sais pas en vérité.

L'énergie nécessaire réside en moi, puisque j'en ai pour vivre. Je dois l'arracher de moi, dussé-je en mourir.

Il n'y a pas d'autre critérium parfait du bien et du mal que la prière intérieure ininterrompue. Tout ce qui ne l'interrompt pas est permis, tout ce qui l'interrompt est défendu. Il est impossible de faire du mal à autrui quand on agit en état de prière. À condition que ce soit prière véritable. Mais avant d'en arriver là, il faut avoir usé sa volonté propre contre l'observation des règles.

L'espérance est la connaissance que le mal qu'on porte en soi est fini et que la moindre orientation de l'âme vers le bien, ne durât-elle qu'un instant, en abolit un peu, et que, dans le domaine spirituel, tout bien, infailliblement, produit du bien. Ceux qui ne savent pas cela sont voués au supplice des Danaïdes.

Infailliblement, le bien produit du bien et le mal produit du mal dans le domaine du spirituel pur. Au contraire, dans le domaine du naturel (y compris le psychologique), le bien et le mal se produisent réciproquement. Ainsi on ne peut avoir de sécurité qu'une fois parvenu dans le domaine du spirituel - le domaine précisément où l'on ne peut rien se procurer par soi-même, où l'on attend tout d'ailleurs.

L'INTELLIGENCE ET LA GRÂCE

Nous savons au moyen de l'intelligence que ce que l'intelligence n'appréhende pas est plus réel que ce qu'elle appréhende.

La foi, c'est l'expérience que l'intelligence est éclairée par l'amour.
Seulement l'intelligence doit reconnaître par les moyens qui lui sont propres, c'est-à-dire la constatation et la démonstration, la prééminence de l'amour. Elle ne doit se soumettre qu'en sachant pourquoi, et d'une manière parfaitement précise et claire. Sans cela, sa soumission est une erreur, et ce à quoi elle se soumet, malgré l'étiquette, est autre chose que l'amour surnaturel. C'est par exemple l'influence sociale.

Dans le domaine de l'intelligence, la vertu d'humilité n'est pas autre chose que le pouvoir d'attention.
La mauvaise humilité amène à croire qu'on est néant en tant que soi, en tant que tel être humain particulier.

L'humilité vraie est la connaissance qu'on est néant en tant qu'être humain et, plus généralement, en tant que créature.
L'intelligence y a une grande part. Il faut concevoir l'universel.

Quand on écoute du Bach ou une mélodie grégorienne, toutes les facultés de l'âme se tendent et se taisent, pour appréhender cette chose parfaitement belle, chacune à sa façon. L'intelligence entre autres : elle n'y trouve rien à affirmer et à nier, mais elle s'en nourrit.

La foi ne doit-elle pas être une adhésion de cette espèce ?

On dégrade les mystères de la foi en en faisant un objet d'affirmation ou de négation, alors qu'ils doivent être un objet de contemplation.

Le rôle privilégié de l'intelligence dans le véritable amour vient de ce que la nature de l'intelligence consiste en ce qu'elle est une chose qui s'efface du fait même qu'elle s'exerce. Je peux faire effort pour aller aux vérités, mais quand elles sont là, elles sont et je n'y suis pour rien.

Il n'y a rien de plus proche de la véritable humilité que l'intelligence. Il est impossible d'être fier de son intelligence au moment où on l'exerce réellement. Et quand on l'exerce on n'y est pas attaché. Car on sait que, deviendrait-on idiot l'instant suivant, et pour le reste de sa vie, la vérité continue à être.

Les mystères de la foi catholique ne sont pas faits pour être crus par toutes les parties de l'âme. La présence du Christ dans l'hostie n'est pas un fait à la manière de la présence de l'âme de Paul dans le corps de Paul (l'un et l'autre d'ailleurs sont complètement incompréhensibles, mais pas de la même façon). L'Eucharistie ne doit donc pas être un objet de croyance pour la partie de moi-même qui appréhende les faits. Là est la part de vérité du protestantisme. Mais cette présence du Christ dans l'Hostie n'est pas un symbole, car un symbole est la combinaison d'une abstraction et d'une image, c'est quelque chose de représentable pour l'intelligence humaine, ce n'est pas surnaturel. En cela les catholiques ont raison, non les protestants. Seule la partie de soi-même qui est faite pour le surnaturel doit adhérer à ces mystères.

La part de l'intelligence – de la partie de nous-même qui affirme et nie, qui pose des opinions – est seulement la soumission. Tout ce que je conçois comme vrai est moins vrai que ces choses dont je ne puis concevoir la vérité, mais que j'aime. Saint Jean de la Croix appelle la foi une nuit. Chez ceux qui ont eu une éducation chrétienne, les parties inférieures de l'âme s'attachent à ces mystères alors qu'elles n'y ont aucun droit. C'est pourquoi ils ont besoin d'une purification dont saint Jean de la Croix décrit les étapes. L'athéisme, l'incrédulité constituent un équivalent à cette purification.

Le désir de découvrir du nouveau empêche d'arrêter la pensée sur la signification transcendante, irreprésentable de ce qui est déjà découvert. Mon manque total de talent m'interdisant ce désir est une grande faveur que j'ai reçue. L'absence reconnue et acceptée de dons intellectuels contraint à l'exercice désintéressé de l'intelligence.

L'objet de la recherche ne doit pas être le surnaturel, mais le monde. Le surnaturel est la lumière : si on en fait un objet, on l'abaisse.

Le monde est un texte à plusieurs significations, et l'on passe d'une signification à une autre par un travail. Un travail où le corps a toujours part, comme lorsqu'on apprend l'alphabet d'une langue étrangère : cet alphabet doit rentrer dans la main à force de tracer les lettres. En dehors de cela, tout changement dans la manière de penser est illusoire.

Il n'y a pas à choisir entre les opinions : il faut les accueillir toutes, mais les composer verticalement et les loger à des niveaux convenables.

Ainsi hasard, destin, Providence.

L'intelligence ne peut jamais pénétrer le mystère, mais elle peut et peut seule rendre compte de la convenance des mots qui l'expriment. Pour cet usage, elle doit être plus aiguë, plus perçante, plus précise, plus rigoureuse et plus exigeante que pour tout autre.

Les Grecs croyaient que la vérité seule convient aux choses divines, non l'erreur ou l'à-peu-près, et le caractère divin de quelque chose les rendait plus exigeants à l'égard de l'exactitude. (Nous faisons exactement le contraire, déformés que nous sommes par l'habitude de la propagande.) C'est parce qu'ils ont vu dans la géométrie une révélation divine qu'ils ont inventé la démonstration rigoureuse...

Il faut, dans le domaine des rapports entre l'homme et le surnaturel, chercher une précision plus que mathématique ; cela doit être plus précis que la science.

Le rationnel au sens cartésien, c'est-à-dire le mécanisme, la nécessité humainement représentable, doit être supposé partout où on le peut, afin de mettre en lumière ce qui lui est irréductible.

L'usage de la raison rend les choses transparentes à l'esprit. Mais on ne voit pas le transparent. On voit l'opaque à travers le transparent, l'opaque qui était caché quand le transparent n'était pas transparent. On voit ou les poussières sur la vitre, ou le paysage derrière la vitre, mais jamais la vitre elle-même. Nettoyer la poussière ne sert qu'à voir le paysage. La raison ne doit exercer sa fonction que pour parvenir aux vrais mystères, aux vrais indémontrables qui sont le réel. L'incompris cache l'incompréhensible, et pour ce motif doit être éliminé.

La science, aujourd'hui, cherchera une source d'inspiration au-dessus d'elle ou périra.

La science ne présente que trois intérêts : 1° les applications techniques ; 2° jeu d'échecs ; 3° chemin vers Dieu. (Le jeu d'échecs est agrémenté de concours, prix et médailles.)

Pythagore. Seule cette conception mystique de la géométrie a pu fournir le degré d'attention nécessaire aux débuts de cette science. N'est-il pas reconnu d'ailleurs que l'astronomie sort de l'astrologie, la chimie de l'alchimie ? Mais on interprète cette filiation comme un progrès alors qu'il y a dégradation de l'attention. L'astrologie et l'alchimie transcendantes sont la contemplation des vérités éternelles dans les symboles fournis par les astres et les combinaisons de substances. L'astronomie et la chimie en sont des dégradations. L'astrologie et l'alchimie comme magies en sont des dégradations encore plus basses. Il n'y a plénitude de l'attention que dans l'attention religieuse.

Galilée. Ayant à son principe le mouvement droit illimité, et non plus le mouvement circulaire, la science moderne ne pouvait plus être un pont vers Dieu.

Le nettoyage philosophique de la religion catholique n'a jamais été fait. Pour le faire, il faudrait être dedans et dehors.

LECTURES

Autrui. Percevoir chaque être humain (image de soi-même) comme une prison où habite un prisonnier, avec tout l'univers autour.
    Electre, fille d'un père puissant, réduite à l'esclavage, n'ayant d'espoir qu'en son frère, voit un jeune homme qui lui annonce la mort de ce frère - et au moment le plus complet de la détresse, il se révèle que ce jeune homme est son frère. « Elles croyaient que c'était le jardinier. » Reconnaître son frère dans un inconnu, reconnaître Dieu dans l'univers.

Justice. Etre continuellement prêt à admettre qu'un autre est autre chose que ce qu'on lit quand il est là (ou qu'on pense à lui). Ou plutôt lire en lui qu'il est certainement autre chose, peut-être tout autre chose que ce qu'on y lit.
    Chaque être crie en silence pour être lu autrement.

On lit, mais aussi ont est lu par autrui. Interférences de ces lectures. Forcer quelqu'un à se lire soi-même comme on le lit (esclavage). Forcer les autres à vous lire comme on se lit soi-même (conquête). Mécanisme. Le plus souvent, dialogue de sourds.

La charité et l'injustice ne se définissent que par des lectures - et ainsi échappent à toute définition. Le miracle du bon larron fut, non pas qu'il pensât à Dieu, mais qu'il reconnût Dieu dans son voisin. Pierre avant le chant du coq ne reconnaissait plus Dieu dans le Christ.
    D'autres se font tuer pour de faux prophètes ou, à tort, ils lisent Dieu.
    Qui peut se flatter qu'il lira juste ?

On peut être injuste par volonté d'offenser la justice ou par mauvaise lecture de la justice. Mais c'est presque toujours le second cas.

Quel amour de la justice garantit d'une mauvaise lecture ?

Quelle est la différence entre le juste et l'injuste si tous se conduisent toujours conformément à la justice qu'ils lisent ?

Jeanne d'Arc : ceux qui déclament à son sujet aujourd'hui l'auraient presque tous condamnée. Mais ses juges n'ont pas condamné la sainte, la vierge, etc., mais la sorcière, l'hérétique, etc.

Cause des mauvaises lectures : l'opinion publique, les passions.

L'opinion publique est une cause très forte. On lit dans l'histoire de Jeanne d'Arc ce que dicte l'opinion publique contemporaine. Mais elle a été incertaine. Et le Christ...

Dans les problèmes moraux fictifs, la calomnie est absente.

Quel espoir a l'innocence si elle n'est pas reconnue ?

Lectures. La lecture – sauf une certaine qualité d'attention - obéit à la pesanteur. On lit les opinions suggérées par la pesanteur (part prépondérante des passions et du conformisme social dans les jugements que nous portons sur les hommes et sur les événements).

Avec une plus haute qualité d'attention, on lit la pesanteur elle-même, et divers systèmes d'équilibre possibles.

Lectures superposées : lire la nécessité derrière la sensation, lire l'ordre derrière la nécessité, lire Dieu derrière l'ordre.

« Ne jugez pas. » Le Christ lui-même ne juge pas. Il est le jugement. L'innocence souffrante comme mesure.

Jugement, perspective. En ce sens tout jugement juge celui qui le porte. Ne pas juger. Ce n'est pas l'indifférence ou l'abstention, c'est le jugement transcendant, l'imitation du jugement divin qui ne nous est pas possible.

L'ANNEAU DE GYGES

Les autres civilisations. On en donne les tares comme preuve de l'insuffisance des religions auxquelles elles sont suspendues. Pourtant, dans l'Europe, au cours des vingt derniers siècles d'histoire, on trouverait sans peine des tares au moins équivalentes. La destruction de l'Amérique par le massacre et de l'Afrique par l'esclavage, les massacres du Midi de la France, cela vaut bien l'homosexualité en Grèce ou les rites orgiaques en Orient. Mais on dit qu'en Europe il y a eu ces tares malgré la perfection du christianisme et dans les autres civilisations à cause de l'imperfection de la religion.

Exemple privilégié, à contempler longtemps, du mécanisme de l'erreur. Mettre à part. En appréciant l'Inde ou la Grèce, on met le mal en relation avec le bien. En appréciant le christianisme, on met le mal à part.

On met à part sans le savoir, là précisément est le danger. Ou, ce qui est pire encore, on met à part par un acte de volonté, mais par un acte de volonté furtif à l'égard de soi-même. Et ensuite on ne sait plus qu'on a mis à part. On ne veut pas le savoir et, à force de ne pas vouloir le savoir, on arrive à ne pas pouvoir le savoir.

Cette faculté de mettre à part permet tous les crimes. Pour tout ce qui est hors du domaine où l'éducation, le dressage ont fabriqué des liaisons solides, elle constitue la clef de la licence absolue. C'est ce qui permet chez les hommes des comportements si incohérents, notamment toutes les fois qu'intervient le social, les sentiments collectifs (guerre, haines de nations et de classes, patriotisme d'un parti, d'une Église, etc.). Tout ce qui est couvert du prestige de la chose sociale est mis dans un autre lieu que le reste et soustrait à certains rapports.

On use aussi de cette clef quand on cède à l'attrait du plaisir.

J'en use lorsque je remets de jour en jour l'accomplissement d'une obligation. Je sépare l'obligation et l'écoulement du temps.

Il n'y a rien de plus désirable que de jeter cette clef. Il faudrait la jeter au fond d'un puits où on ne puisse jamais la reprendre.

L'anneau de Gygès devenu invisible, c'est précisément l'acte de mettre à part. Mettre à part soi et le crime que l'on commet . Ne pas établir la relation entre les deux.

L'acte de jeter la clef, de jeter l'anneau de Gygès, c'est l'effort propre de la volonté, c'est la marche douloureuse et aveugle hors de la caverne.

Gygès. Je suis devenu roi, et l'autre roi a été assassiné. Aucun rapport entre ces deux choses. Voilà l'anneau.

Un patron d'usine. J'ai telles et telles jouissances coûteuses et mes ouvriers souffrent de la misère. Il peut avoir très sincèrement pitié de ses ouvriers et ne pas former le rapport.

Car aucun rapport ne se forme si la pensée ne le produit pas. Deux et deux restent indéfiniment deux et deux si la pensée ne les ajoute pas pour en faire quatre.

Nous haïssons les gens qui voudraient nous amener à former les rapports que nous ne voulons pas former.

La justice consiste à établir dans les choses analogues des rapports identiques entre termes homothétiques, même lorsque certaines de ces choses nous concernent personnellement et sont pour nous l'objet d'un attachement.

Cette vertu se situe au point de contact du naturel et du surnaturel. Elle est du domaine de la volonté et de l'intelligence claire, donc de la caverne (car notre clarté, ce sont les ténèbres), mais on ne peut pas s'y maintenir si on ne passe pas dans la lumière.

LE SENS DE L'UNIVERS

Nous sommes une partie qui doit imiter le tout.

L'atman. Que l'âme d'un homme prenne pour corps tout l'univers. Qu'elle ait avec tout l'univers le même rapport que celle d'un collectionneur à sa collection, d'un des soldats qui mouraient en criant : « Vive l'Empereur ! » à Napoléon. L'âme se transporte, hors du corps propre, dans autre chose. Qu'elle se transporte donc dans tout l'univers.

S'identifier à l'univers même. Tout ce qui est moindre que l'univers est soumis à la souffrance.

J'ai beau mourir, l'univers continue. Cela ne me console pas si je suis autre que l'univers. Mais si l'univers est à mon âme comme un autre corps, ma mort cesse d'avoir pour moi plus d'importance que celle d'un inconnu. De même mes souffrances.

Que l'univers entier soit pour moi, par rapport à mon corps, ce qu'est le bâton d'un aveugle par rapport à sa main. Il n'a réellement plus sa sensibilité dans sa main, mais au bout du bâton. Il y faut un apprentissage.

Restreindre son amour au sujet pur et l'étendre à tout l'univers, c'est la même chose.

Changer le rapport entre soi et le monde comme, par l'apprentissage, l'ouvrier change le rapport entre soi et l'outil. Blessure : c'est le métier qui rentre dans le corps. Que toute souffrance fasse rentrer l'univers dans le corps.

Habitude, habileté : transport de la conscience dans un objet autre que le corps propre.

Que cet objet soit l'univers, les saisons, le soleil, les étoiles.

Le rapport entre le corps et l'outil change dans l'apprentissage. Il faut changer le rapport entre le corps et le monde.

On ne se détache pas, on change d'attachement. S'attacher à tout.

À travers chaque sensation, sentir l'univers. Qu'importe alors que ce soit plaisir ou douleur ? Si on a la main serrée par un être aimé, revu après longtemps, qu'importe qu'il serre fort et fasse mal ?

Un degré de douleur où l'on perd le monde. Mais après, l'apaisement vient. Et si le paroxysme revient, l'apaisement revient ensuite aussi. Ce degré même, si on le sait, devient attente de l'apaisement, et par suite ne coupe pas le contact avec le monde.

Deux tendances limites : détruire le moi au profit de l'univers ou détruire l'univers au profit du moi.

Celui qui n'a pas su devenir rien court le risque d'arriver a un moment où toutes choses autres que lui cessent d'exister.

Nécessité extérieure ou besoin intérieur impérieux comme de respirer. « Devenons le souffle central. » Même si une douleur à la poitrine rend la respiration pénible, on respire, on ne peut pas faire autrement.

Associer le rythme de la vie du corps à celui du monde, sentir constamment cette association et sentir aussi l'échange perpétuel de matière par lequel l'être humain baigne dans le monde.

Ce que rien ne peut ôter à un être humain tant qu'il vit : comme mouvement où la volonté a prise, respiration ; comme perception, l'espace (même dans un cachot, même les yeux et les tympans crevés, tant qu'on vit, on perçoit l'espace).

Attacher à cela les pensées dont on désire que nulle circonstance ne puisse priver.

Aimer le prochain comme soi-même ne signifie pas aimer tous les êtres également, car je n'aime pas également tous les modes d'existence de moi-même. Ni ne jamais les faire souffrir, car je ne refuse pas de me faire souffrir moi-même. Mais avoir avec chacun le rapport d'une manière de penser l'univers à une autre manière de penser l'univers, et non à une partie de l'univers.

Ne pas accepter un événement du monde, c'est désirer que le monde ne soit pas. Or cela est en mon pouvoir pour moi ; si je le désire, je l'obtiens. Je suis alors un abcès du monde.

Vœux dans le folklore : les désirs ont cela de dangereux qu'ils sont exaucés.

Désirer que le monde ne soit pas, c'est désirer que moi, tel que je suis, je sois tout.

. . .

Puisse l'univers tout entier, depuis ce caillou à mes pieds, jusqu'aux plus lointaines étoiles, exister pour moi à tout moment autant qu'Agnès pour Arnolphe ou la cassette pour Harpagon.

Si je veux, le monde peut m'appartenir comme le trésor à l'avare.

Mais c'est un trésor qui ne s'accroît pas.

Ce « je » irréductible qui est le fond irréductible de ma souffrance, le rendre universel.

Qu'importe qu'il n'y ait jamais de joie en moi, puisqu'il y a perpétuellement joie parfaite en Dieu ! Et de même pour la beauté, l'intelligence et toutes choses.

Désirer son salut est mauvais, non parce que c'est égoïste (il n'est pas au pouvoir de l'homme d'être égoïste), mais parce que c'est orienter l'âme vers une simple possibilité particulière et contingente, au lieu de la plénitude de l'être, au lieu du bien qui est inconditionnellement.

Tout ce que je désire existe, ou a existé, ou existera quelque part. Car je ne peux pas inventer complètement. Dès lors, comment ne pas être comblé ?

Br. Je ne pouvais m'empêcher de l'imaginer vivant, d'imaginer sa maison comme un lieu possible, pour moi, de ses douces conversations. Alors la conscience du fait de sa mort faisait un affreux désert. Froid de métal. Que m'importait qu'il y eût d'autres gens à aimer ? L'amour que je dirigeais vers lui, accompagné d'ébauches intérieures, d'échanges qui ne pouvaient avoir lieu qu'avec lui, était sans objet. Maintenant je ne l'imagine plus comme vivant et sa mort ne m'est plus intolérable. Son souvenir m'est doux. Mais il en est d'autres, qu'alors je ne connaissais pas, et dont la mort me ferait le même effet.

D... n'est pas mort, mais l'amitié que je lui portais est morte, accompagnée d'une semblable douleur. Il n'est plus qu'une ombre.

Mais je ne peux imaginer la même transformation pour X.... Y.... Z..., qui pourtant n'existaient pas à ma connaissance, il y a si peu de temps.

Comme des parents ne peuvent se représenter qu'un enfant ait été néant trois ans auparavant, de même on ne peut se représenter qu'on n'ait pas toujours connu les êtres qu'on aime.

J'aime mal, il me semble : sinon les choses ne se passeraient pas ainsi pour moi. Mon amour ne serait pas attaché à quelques êtres. Il serait disponible pour tout ce qui mérite d'être aimé.

« Soyez parfaits comme votre père céleste... » Aimez comme le soleil éclaire. Il faut ramener son amour à soi pour le répandre sur toutes choses. Dieu seul aime toutes choses et il n'aime que soi.

Aimer en Dieu est bien plus difficile qu'on ne croit.

• • •

Je puis souiller tout l'univers de ma misère et ne pas la sentir ou la rassembler en moi.

Supporter le désaccord entre l'imagination et le fait.

« Je souffre. » Cela vaut mieux que « ce paysage est laid ».

Ne pas vouloir changer son propre poids dans la balance du monde - la balance d'or de Zeus.

La vache entière est laitière, bien qu'on ne tire de lait que des pis. De même, le monde est producteur de sainteté.

METAXU

Toutes les choses créées refusent d'être pour moi des fins. Telle est l'extrême miséricorde de Dieu à mon égard. Et cela même est le mal. Le mal est la forme que prend en ce monde la miséricorde de Dieu.

Ce monde est la porte fermée. C'est une barrière. Et, en même temps, c'est le passage.

Deux prisonniers, dans des cachots voisins, qui communiquent par des coups frappés contre le mur. Le mur est ce qui les sépare, mais aussi ce qui leur permet de communiquer. Ainsi nous et Dieu. Toute séparation est un lien.

En mettant tout notre désir de bien dans une chose, nous faisons de cette chose une condition de notre existence. Mais nous n'en faisons pas pour autant un bien. Nous voulons toujours autre chose qu'exister.

Les choses créées ont pour essence d'être des intermédiaires. Elles sont des intermédiaires les unes vers les autres, et cela n'a pas de fin. Elles sont des intermédiaires vers Dieu. Les éprouver comme telles.

Les ponts des Grecs. – Nous en avons hérité. Mais nous n'en connaissons plus l'usage. Nous avons cru que c'était fait pour y bâtir des maisons. Nous y avons élevé des gratte-ciel où sans cesse nous ajoutons des étages. Nous ne savons plus que ce sont des ponts, des choses faites pour qu'on y passe, et que par là on va à Dieu.

Seul celui qui aime Dieu d'un amour surnaturel peut regarder les moyens seulement comme des moyens.

La puissance (et l'argent, ce passe-partout de la puissance) est le moyen pur. Par là même, c'est la fin suprême pour tous ceux qui n'ont pas compris.

Ce monde, domaine de la nécessité, ne nous offre absolument rien sinon des moyens. Notre vouloir est sans cesse renvoyé d'un moyen à un autre comme une bille de billard.

Tous les désirs sont contradictoires comme celui de la nourriture. Je voudrais que celui que j'aime m'aime. Mais s'il m'est totalement dévoué, il n'existe plus, et je cesse de l'aimer. Et tant qu'il ne m'est pas totalement dévoué, il ne m'aime pas assez. Faim et rassasiement.

Le désir est mauvais et mensonger, mais pourtant sans le désir on ne rechercherait pas le véritable absolu, le véritable illimité. Il faut être passé par là. Malheur des êtres à qui la fatigue ôte cette énergie supplémentaire qui est la source du désir.

Malheur aussi de ceux que le désir aveugle.

Il faut accrocher son désir à l'axe des pôles.

Qu'est-ce qu'il est sacrilège de détruire ? Non pas ce qui est bas, car cela n'a pas d'importance. Non pas ce qui est haut, car, le voudrait-on, on ne peut pas y toucher. Les metaxu. Les metaxu sont la région du bien et du mal.

Ne priver aucun être humain de ses *metaxu*, c'est-à-dire de ces biens relatifs et mélangés (foyer, patrie, traditions, culture, etc.) qui réchauffent et nourrissent l'âme et sans lesquels, en dehors de la sainteté, une vie *humaine* n'est pas possible.

Les vrais biens terrestres sont des *metaxu*. On ne peut respecter ceux d'autrui que dans la mesure où l'on regarde ceux qu'on possède seulement comme des metaxu, ce qui implique qu'on est déjà en route vers le point où l'on peut s'en passer. Pour respecter par exemple les patries étrangères, il faut faire de sa propre patrie, non pas une idole, mais un échelon vers Dieu.

Toutes les facultés jouant librement et sans se mélanger à partir d'un principe un. C'est le microcosme, l'imitation du monde. Le Christ selon saint Thomas. Le Juste de la République. Quand Platon parle de la spécialisation, il parle de la spécialisation des facultés dans l'homme et non pas de la spécialisation des hommes ; de même pour la hiérarchie. - Le temporel n'ayant de sens que par et pour le spirituel, mais n'étant pas mélangé au spirituel. Y menant par nostalgie, par dépassement. C'est le temporel comme pont, comme *metaxu*. C'est la vocation grecque et provençale.

Civilisation des Grecs. Aucune adoration de la force. Le temporel n'était qu'un pont. Dans les états d'âme, on ne cherchait pas l'intensité, mais la pureté.

BEAUTÉ

La beauté, c'est l'harmonie du hasard et du bien.
    Le beau est le nécessaire, qui, tout en demeurant conforme à sa loi propre et à elle seule, obéit au bien.

Objet de la science : le beau (c'est-à-dire, l'ordre, la proportion, l'harmonie) en tant que suprasensible et nécessaire.
    Objet de l'art : le beau sensible et contingent, perçu à travers le filet du hasard et du mal.

Le beau dans la nature : union de l'impression sensible et du sentiment de la nécessité. Cela doit être ainsi (en premier lieu), et précisément cela est ainsi.
    La beauté séduit la chair pour obtenir la permission de passer jusqu'à l'âme.

Le beau enferme, entre autres unités des contraires, celle de l'instantané et de l'éternel.

Le beau est ce qu'on peut contempler. Une statue, un tableau qu'on peut regarder pendant des heures.
    Le beau, c'est quelque chose à quoi on peut faire attention.
    Musique grégorienne. Quand on chante les mêmes choses des heures chaque jour et tous les jours, ce qui est même un peu au-dessous de la suprême excellence devient insupportable et s'élimine.

Les Grecs regardaient leurs temples. Nous supportons les statues du Luxembourg parce que nous ne les regardons pas.

Un tableau tel qu'on puisse le mettre dans la cellule d'un condamné à l'isolement perpétuel, sans que ce soit une atrocité, au contraire.

Le théâtre immobile est le seul vraiment beau. Les tragédies de Shakespeare sont de second ordre, sauf *Lear*. Celles de Racine de troisième ordre, sauf *Phèdre*. Celles de Corneille de N° ordre.

Une œuvre d'art a un auteur, et pourtant, quand elle est parfaite, elle a quelque chose d'essentiellement anonyme. Elle imite l'anonymat de l'art divin. Ainsi la beauté du monde prouve un Dieu à la fois personnel et impersonnel, et ni l'un ni l'autre.

Le beau est un attrait charnel qui tient à distance et implique une renonciation. Y compris la renonciation la plus intime, celle de l'imagination. On veut manger tous les autres objets de désir. Le beau est ce qu'on désire sans vouloir le manger. Nous désirons que cela soit.

Rester immobile et s'unir à ce qu'on désire et dont on n'approche pas.
On s'unit à Dieu ainsi : on ne peut pas s'en approcher.
La distance est l'âme du beau.

Le regard et l'attente, c'est l'attitude qui correspond au beau. Tant qu'on peut concevoir, vouloir, souhaiter, le beau n'apparaît pas. C'est pourquoi, dans toute beauté, il y a contradiction, amertume, absence irréductibles.

Poésie : douleur et joie *impossibles*. Touche poignante, nostalgie. Telle est la poésie provençale et anglaise. Une joie qui, à force d'être pure et sans mélange, fait mal. Une douleur qui, à force d'être pure et sans mélange, apaise.

Beauté : un fruit qu'on regarde sans tendre la main.
De même un malheur qu'on regarde sans reculer.

Double mouvement descendant : refaire par amour ce que fait la pesanteur. Le double mouvement descendant n'est-il pas la clef de tout art ?

Le mouvement descendant, miroir de la grâce, est l'essence de toute musique. Le reste sert seulement à l'enchâsser.

La montée des notes est montée purement sensible. La descente est à la fois descente sensible et montée spirituelle. C'est là le paradis que tout être désire; que la pente de la nature fasse monter vers le bien.

En tout ce qui suscite chez nous le sentiment pur et authentique du beau, il y a réellement présence de Dieu. Il y a comme une espèce d'incarnation de Dieu dans le monde, dont la beauté est la marque.
Le beau est la preuve expérimentale que l'incarnation est possible.
Dès lors tout art de premier ordre est par essence religieux. (C'est ce qu'on ne sait plus aujourd'hui.) Une mélodie grégorienne témoigne autant que la mort d'un martyr.

Si le beau est présence réelle de Dieu dans la matière, si le contact avec le beau est au plein sens du mot un sacrement, comment y a-t-il tant d'esthètes pervers ? Néron. Cela ressemble-t-il à la faim des amateurs de messes noires pour les hosties consacrées ? Ou bien, plus probablement, ces gens ne s'attachent-ils pas au beau authentique, mais à une imitation mauvaise ? Car, comme il y a un art divin, il y a un art démoniaque. C'est celui-là sans doute qu'aimait Néron. Une grande partie de notre art est démoniaque.
Un amateur passionné de musique peut fort bien être un homme pervers - mais je le croirais difficilement de quelqu'un qui a soif de chant grégorien.

Il faut bien que nous ayons commis des crimes qui nous ont rendus maudits, puisque nous avons perdu toute la poésie de l'univers.

L'art n'a pas d'avenir immédiat parce que tout art est collectif et qu'il n'y a plus de vie collective (il n'y a que des collectivités mortes), et aussi à cause de cette rupture du pacte véritable entre le corps et l'âme. L'art grec a coïncidé avec les débuts de la géométrie et avec l'athlétisme, l'art du Moyen Âge avec L'artisanat, l'art de la Renaissance avec les débuts de la mécanique, etc. Depuis 1914, il y a une coupure complète. La comédie même est à peu près impossible : il n'y a place que pour la satire (quand a-t-il été plus facile de comprendre Juvénal) ? L'art ne pourra renaître que du sein de la grande anarchie - épique sans doute, parce que le malheur aura simplifié bien des choses... Il est donc bien inutile de ta part d'envier Vinci ou Bach. La grandeur, de nos jours, doit prendre d'autres voies. Elle ne peut d'ailleurs être que solitaire, obscure et sans écho... (or, pas d'art sans écho).

ALGÈBRE

Argent, machinisme, algèbre. Les trois monstres de la civilisation actuelle. Analogie complète.

L'algèbre et l'argent sont essentiellement niveleurs, la première intellectuellement, l'autre effectivement.

La vie des paysans provençaux a cessé de ressembler à celle des paysans grecs décrits par Hésiode, depuis cinquante ans environ. Destruction de la science telle que la concevaient les Grecs vers la même époque. L'argent et l'algèbre ont triomphé simultanément.

Le rapport de signe à signifié périt ; le jeu des échanges entre signes se multiplie par lui-même et pour lui-même. Et la complication croissante exige des signes de signes...

Parmi les caractéristiques du monde moderne, ne pas oublier l'impossibilité de penser concrètement le rapport entre l'effort et le résultat de l'effort. Trop d'intermédiaires. Comme dans les autres cas, ce rapport qui ne gît dans aucune pensée gît dans une chose : l'argent.

Comme la pensée collective ne peut exister comme pensée, elle passe dans les choses (signes, machines...). D'où ce paradoxe : c'est la chose qui pense et l'homme qui est réduit à l'état de chose.

Il n'y a point de pensée collective. En revanche, notre science est collective comme notre technique. Spécialisation. On hérite non seulement de résultats, mais encore de méthodes qu'on ne comprend pas. Au reste les deux sont inséparables, car les résultats de l'algèbre fournissent des méthodes aux autres sciences.

Faire l'inventaire ou la critique de notre civilisation, qu'est-ce à dire ? Chercher à tirer au clair d'une manière précise le piège qui a fait de l'homme l'esclave de ses propres créations. Par où s'est infiltrée l'inconscience dans la pensée et l'action méthodiques ? L'évasion dans la vie sauvage est une solution paresseuse. Il faut retrouver le pacte originel entre l'esprit et le monde dans la civilisation même où nous vivons. C'est une tâche au reste impossible à accomplir à cause de la brièveté de la vie et de l'impossibilité de la collaboration et de la succession. Ce n'est pas une raison pour ne pas l'entreprendre. Nous sommes tous dans une situation analogue à celle de Socrate quand il attendait la mort dans sa prison et qu'il apprenait à jouer de la lyre... Du moins, on aura vécu...

L'esprit succombant sous le poids de la quantité n'a plus d'autre critérium que l'efficacité.

La vie moderne est livrée à la démesure. La démesure envahit tout : action et pensée, vie publique et privée. De là, la décadence de l'art. Il n'y a plus d'équilibre nulle part. Le mouvement catholique est partiellement en réaction là-contre : les cérémonies catholiques du moins, sont restées intactes. Mais aussi sont-elles sans rapport avec le reste de l'existence.

Le capitalisme a réalisé l'affranchissement de la collectivité humaine par rapport à la nature. Mais cette collectivité a pris par rapport à l'individu la succession de la fonction oppressive exercée auparavant par la nature.

Cela est vrai même matériellement. Le feu, l'eau, etc. Toutes ces forces de la nature, la collectivité s'en est emparée.

Question : peut-on transférer à l'individu cet affranchissement conquis par la société ?

LA LETTRE SOCIALE...

L'homme est esclave pour autant qu'entre l'action et son effet, entre l'effort et l'œuvre, se trouve placée l'intervention de volontés étrangères.

C'est le cas *et* pour l'esclave *et* pour le maître aujourd'hui. Jamais l'homme n'est en face des conditions de sa propre activité. La société fait écran entre la nature et l'homme.

Être en face de la nature et non des hommes, c'est la seule discipline. Dépendre d'une volonté étrangère, c'est être esclave. Or, c'est le sort de tous les hommes. L'esclave dépend du maître et le maître de l'esclave. Situation qui rend ou suppliant ou tyrannique ou les deux à la fois *(omnia serviliter pro dominatione)*. Au contraire, en face de la nature inerte, on n'a d'autre ressource que de penser.

La notion d'oppression est en somme une stupidité il n'y a qu'à lire *l'Iliade*. Et, à plus forte raison, la notion de classe oppressive. On peut seulement parler d'une structure oppressive de la société.

Différence entre l'esclave et le citoyen (Montesquieu, Rousseau...) : l'esclave est soumis à son maître et le citoyen aux lois. Par ailleurs le maître peut être très doux et les lois très dures : cela ne change rien. Tout gît dans la distance entre le caprice et la règle.

Pourquoi la subordination au caprice est-elle esclavage ? La cause dernière en réside dans le rapport entre l'âme et le *temps*. Celui qui est soumis à l'arbitraire est suspendu au fil du temps ; il *attend* (la situation la plus humiliante...)

ce qu'apportera l'instant suivant. Il ne dispose pas de ses instants ; le présent n'est plus pour lui un levier pesant sur l'avenir.

Se trouver en face des choses libère l'esprit. Se trouver en face des hommes avilit, si l'on dépend d'eux, et cela, soit que cette dépendance ait la forme de la soumission, soit qu'elle ait la forme du commandement.
Pourquoi ces hommes entre la nature et moi ?
Ne jamais avoir à compter avec une pensée inconnue... (car on est alors livré au hasard).
Remède : en dehors des liens fraternels, traiter les hommes comme un spectacle et ne *jamais* chercher l'amitié. Vivre au milieu des hommes comme dans ce wagon de Saint-Étienne au Puy... Surtout ne jamais se permettre de rêver l'amitié. Tout se paie. Ne t'attends qu'à toi-même.

À partir d'un certain degré d'oppression, les puissants arrivent nécessairement à se faire *adorer* de leurs esclaves. Car la pensée d'être absolument contraint, jouet d'un autre être, est insoutenable pour un être humain. Dès lors, si tous les moyens d'échapper à la contrainte lui sont ravis, il ne lui reste plus d'autre ressource que de se persuader que les choses mêmes auxquelles on le contraint, il les accomplit volontairement, autrement dit, de substituer le *dévouement* à *l'obéissance*. Et même il s'efforcera parfois de faire plus qu'on ne lui impose, et en souffrira moins, par le même phénomène qui fait que les enfants supportent en riant, quand ils jouent, des douleurs physiques qui les accableraient si elles étaient infligées comme punition. C'est par ce détour que la servitude avilit l'âme : en effet, ce dévouement repose sur un mensonge puisque ses raisons ne supportent pas l'examen. (À cet égard, le principe catholique de l'obéissance doit être considéré comme libérateur, au lieu que le protestantisme repose sur l'idée de sacrifice et de dévouement.) Le seul salut consiste à remplacer l'idée insupportable de la contrainte, non plus par l'illusion du dévouement, mais par la notion de la nécessité.
Au contraire, la révolte, si elle ne passe pas immédiatement dans des actes précis et efficaces, se change toujours en son contraire, à cause de l'humiliation produite par le sentiment d'impuissance radicale qui en résulte. Autrement dit, le principal appui de l'oppresseur réside précisément dans la révolte impuissante de l'opprimé.
On pourrait faire dans ce sens le roman d'un conscrit de Napoléon.
Et le mensonge du dévouement trompe aussi le maître...

Considérer toujours les hommes au pouvoir comme des *choses* dangereuses. S'en garer dans toute la mesure où on le peut sans se mépriser soi-même. Et si un jour on se voit contraint, sous peine de lâcheté, d'aller se briser contre leur puissance, se considérer comme vaincu par la nature des choses et non par des hommes. On peut être au cachot et enchaîné, mais on peut être aussi atteint de cécité ou de paralysie. Aucune différence.

Seule manière de conserver sa dignité dans la soumission forcée : considérer le chef comme une chose. Tout homme est esclave de la nécessité, mais l'esclave conscient est bien supérieur.

Problème social. Restreindre au minimum la part du surnaturel indispensable pour rendre la vie sociale respirable. Tout ce qui tend à l'accroître est mauvais (c'est tenter Dieu).

Il faut éliminer le malheur autant qu'on le peut de la vie sociale, car le malheur ne sert qu'à la grâce et la société n'est pas une société d'élus. Il y aura toujours assez de malheur pour les élus.

LE GROS ANIMAL

Le gros animal est le seul objet d'idolâtrie, le seul ersatz de Dieu, la seule imitation d'un objet qui est infiniment éloigné de moi et qui est moi.

Si l'on pouvait être égoïste, ce serait bien agréable. Ce serait le repos. Mais littéralement on ne peut pas.

Il m'est impossible de me prendre pour fin, ni par suite de prendre pour fin mon semblable, puisqu'il est mon semblable. Ni aucun objet matériel, car la matière est encore moins capable de recevoir la finalité que les êtres humains.

Une seule chose ici-bas peut être prise pour fin, car elle possède une espèce de transcendance à l'égard de la personne humaine : c'est le collectif. Le collectif est l'objet de toute idolâtrie, c'est lui qui nous enchaîne à la terre. L'avarice : l'or est du social. L'ambition - le pouvoir est du social. La science, l'art aussi. Et l'amour ? L'amour fait plus ou moins exception ; c'est pourquoi on peut aller à Dieu par l'amour, non par l'avarice ou l'ambition. Mais pourtant le social n'est pas absent de l'amour (passions excitées par les princes, les gens célèbres, tous ceux qui ont du prestige...).

Il y a deux biens, de même dénomination, mais radicalement autres - celui qui est le contraire du mal et celui qui est l'absolu. L'absolu n'a pas de contraire. Le relatif n'est pas le contraire de l'absolu ; il en dérive par un rapport non commutatif. Ce que nous voulons, c'est le bien absolu. Ce que nous pouvons atteindre, c'est le bien corrélatif du mal. Nous nous y portons par erreur, comme le Prince qui se prépare à aimer la servante au lieu de la maîtresse. Ce sont les vêtements qui causent l'erreur. C'est le social qui jette sur le relatif la couleur de l'absolu. Le remède est dans l'idée de relation. La relation sort violemment du social. Elle est le monopole de l'individu. La société est la caverne, la sortie est la solitude.

La relation appartient à l'esprit solitaire. Nulle foule ne conçoit la relation. Ceci est bien ou mal à l'égard de... dans la mesure où... Cela échappe à la foule. Une foule ne fait pas une addition.

Celui qui est au-dessus de la vie sociale y rentre quand il veut, non celui qui est au-dessous. De même pour tout. Relation non commutative entre le meilleur et le moins bon.

Le végétatif et le social sont les deux domaines où le bien n'entre pas.

Le Christ a racheté le végétatif, non le social. Il n'a pas prié pour le monde.

Le social est irréductiblement le domaine du prince de ce monde. On n'a d'autre devoir à l'égard du social que de tenter de limiter le mal (Richelieu : le salut des États n'est que dans ce monde).

Une société à prétention divine comme l'Église est peut-être plus dangereuse par l'ersatz de bien qu'elle contient que par le mal qui la souille.

Une étiquette divine sur du social : mélange enivrant qui enferme toute licence. Diable déguisé.

La conscience est abusée par le social. L'énergie supplémentaire (imaginative) est en grande partie suspendue au social. Il faut l'en détacher. C'est le détachement le plus difficile.

La méditation sur le mécanisme social est à cet égard une purification de première importance.

Contempler le social est une voie aussi bonne que se retirer du monde. C'est pourquoi je n'ai pas eu tort de côtoyer si longtemps la politique.

Il n'y a que par l'entrée dans le transcendant, le surnaturel, le spirituel authentique que l'homme devient supérieur au social. Jusque-là, en fait et quoi qu'il fasse, le social est transcendant par rapport à l'homme.

Sur le plan non surnaturel, la société est ce qui sépare du mal (de certaines formes du mal) comme par une barrière ; une société de criminels ou de vicieux, fût-elle composée de quelques hommes, supprime cette barrière.

Mais qu'est-ce qui pousse à entrer dans une telle société ? Ou la nécessité, ou la légèreté, ou, le plus souvent, un mélange des deux ; on ne croit pas s'engager, car on ne sait pas que, hormis le surnaturel, la société *seule* empêche de passer naturellement dans les formes les plus atroces de vices ou de crimes. On ne sait pas qu'on va devenir autre, car on ne sait pas jusqu'où va en soi-même le domaine de ce qui est modifiable par l'extérieur. On s'engage toujours sans savoir.

Rome, c'est le gros animal athée, matérialiste, n'adorant que soi, Israël, c'est le gros animal religieux. Ni l'un ni l'autre n'est aimable. Le gros animal est toujours répugnant.

Est-ce qu'une société où régnerait seulement la pesanteur est viable, ou est-ce qu'un peu de surnaturel est une nécessité vitale ?

À Rome, peut-être, pesanteur seulement.

Chez les Hébreux peut-être aussi. Leur Dieu était lourd.

Peut-être un seul peuple antique absolument sans mystique : Rome. Par quel mystère ? Cité artificielle faite de fugitifs, comme Israël.

Gros animal de Platon. – Le marxisme, pour autant qu'il est vrai, est entièrement contenu dans la page de Platon sur le gros animal, et sa réfutation y est contenue aussi.

Force du social. L'accord entre plusieurs hommes renferme un sentiment de réalité. Il renferme aussi un sentiment de devoir. L'écart, par rapport à cet accord, apparaît comme un péché. Par là, *tous* les retournements sont possibles. Un état de conformité est une imitation de la grâce.

Par un singulier mystère – qui tient à la puissance du social – la profession donne aux hommes moyens, pour les objets qui s'y rapportent, des vertus qui, si elles s'étendaient à toutes les circonstances de la vie, en feraient des héros ou des saints.

Mais la puissance du social fait que ces vertus sont *naturelles*. Aussi ont-elles besoin de compensation.

Pharisiens : « En vérité, je vous le dis, ils ont reçu leur salaire. » Inversement, le Christ pouvait dire des publicains et des prostituées : en vérité, je vous le dis, ils ont reçu leur châtiment – à savoir la réprobation sociale. Dans la mesure où ils l'ont, le Père qui est dans le secret ne les châtie pas. Au lieu que les péchés non accompagnés de réprobation sociale reçoivent leur pleine mesure du châtiment du Père qui est dans le secret. Ainsi la réprobation sociale est une faveur du sort. Mais elle se tourne en mal supplémentaire pour ceux qui, sous la pression de cette réprobation, se fabriquent un milieu social excentrique, à l'intérieur duquel ils ont licence. Milieux de criminels, d'homosexuels, etc.

Le service du faux Dieu (de la Bête sociale sous quelque incarnation que ce soit) purifie le mal en éliminant l'horreur. À qui le sert, rien ne paraît mal, sauf les défaillances dans le service. Mais le service du vrai Dieu laisse subsister et même rend plus intense l'horreur du mal. Ce mal dont on a horreur, en même temps on l'aime comme émanant de la volonté de Dieu.

. . .

Ceux qui aujourd'hui croient que l'un des adversaires est du côté du bien croient aussi qu'il aura la victoire.

Regarder un bien, aimé comme tel, comme condamné par le cours prochain des événements est une douleur intolérable.

L'idée que ce qui n'existe plus du tout puisse être un bien est pénible et on l'écarte. C'est là soumission au gros animal.

La force d'âme des communistes vient de ce qu'ils se portent, non seulement vers ce qu'ils croient être le bien, mais vers ce qu'ils croient qui va inéluctablement et prochainement se produire. Ainsi, ils peuvent, sans être des saints - il s'en faut de beaucoup - supporter des dangers et des souffrances que seul un saint supporterait pour la justice toute seule.

À certains égards, l'état d'esprit des communistes est très analogue à celui des premiers chrétiens.

Cette propagande eschatologique explique très bien les persécutions de la première période.

« Celui à qui peu est remis aime peu. » Il s'agit de celui chez qui la vertu sociale tient une grande place. La grâce trouve peu d'espace libre en lui. L'obéissance au grand animal conforme au bien, c'est là la vertu sociale.

Est pharisien un homme qui est vertueux par obéissance au gros animal.

La charité peut et doit aimer dans tous les pays tout ce qui est condition du développement spirituel des individus, c'est-à-dire, d'une part, l'ordre social, même s'il est mauvais, comme étant moins mauvais que le désordre, d'autre part, le langage, les cérémonies, les coutumes, tout ce qui participe au beau, toute la poésie qui enveloppe la vie d'un pays.

Mais une nation comme telle ne peut être objet d'amour surnaturel. Elle n'a pas d'âme. C'est un gros animal.

Et pourtant une cité...

Mais cela n'est pas du social ; c'est un milieu humain dont on n'a pas plus conscience que de l'air qu'on respire. Un contact avec la nature, le passé, la tradition.

L'enracinement est autre chose que le social.

Patriotisme. On ne doit pas avoir d'autre amour que la charité. Une nation ne peut pas être un objet de charité. Mais un pays peut l'être, comme milieu porteur de traditions éternelles. Tous les pays peuvent l'être.

ISRAËL

La chrétienté est devenue totalitaire, conquérante, exterminatrice parce qu'elle n'a pas développé la notion de l'absence et de la non-action de Dieu ici-bas. Elle s'est attachée à Jéhovah autant qu'au Christ ; elle a conçu la Providence à la manière de l'Ancien Testament : Israël seul pouvait résister à Rome parce qu'il lui ressemblait, et le christianisme naissant portait ainsi la souillure romaine avant d'être la religion officielle de l'Empire. Le mal fait par Rome n'a jamais été vraiment réparé.

Dieu a fait à Moïse et à Josué des promesses purement temporelles à une époque où l'Égypte était tendue vers le salut éternel de l'âme. Les Hébreux, ayant refusé la révélation égyptienne, ont eu le Dieu qu'ils méritaient : un Dieu charnel et collectif qui n'a parlé jusqu'à l'exil à l'âme de personne (à moins que, dans les Psaumes) ?... Parmi les personnages des récits de l'Ancien Testament, Abel, Enoch, Noé, Melchisédech, Job, Daniel seuls sont purs. Il n'est pas étonnant qu'un peuple d'esclaves fugitifs, conquérants d'une terre paradisiaque aménagée par des civilisations au labeur desquelles ils n'avaient eu aucune part et qu'ils détruisirent par des massacres, - qu'un tel peuple n'ait pu donner grand-chose de bon. Parler de « Dieu éducateur » au sujet de ce peuple est une atroce plaisanterie.

Rien d'étonnant qu'il y ait tant de mal dans une civilisation - la nôtre - viciée à sa base et dans son inspiration même par cet affreux mensonge. La malédiction d'Israël pèse sur la chrétienté. Les atrocités, l'Inquisition, les exterminations d'hérétiques et d'infidèles, c'était Israël. Le capitalisme, c'était Israël, notamment chez ses pires ennemis.

Il ne peut y avoir de contact *personnel* entre l'homme et Dieu que par la personne du Médiateur. En dehors du Médiateur, la présence de Dieu à l'homme ne peut être que collective, nationale. Israël a simultanément choisi le Dieu national et refusé le Médiateur ; il a peut-être tendu de temps à autre au véritable monothéisme, mais toujours il retombait, et ne pouvait pas ne pas retomber, au Dieu de tribu.

L'homme qui a contact avec le surnaturel est par essence roi, car il est la présence dans la société, sous forme d'infiniment petit, d'un ordre transcendant au social.

Mais la place qu'il occupe dans la hiérarchie sociale est tout à fait indifférente.

Quant au grand dans l'ordre social, seul en est susceptible celui qui a capté une grande partie de l'énergie du gros animal. Mais il ne peut avoir part au surnaturel.

Moïse, Josué, telle est la part de surnaturel de ceux qui ont capté beaucoup d'énergie sociale.

Israël est une tentative de vie sociale surnaturelle. Il a réussi, on peut le supposer, ce qu'il y a de mieux dans le genre. Inutile de recommencer. Le résultat montre de quelle révélation divine le gros animal est capable.

Isaïe le premier apporte de la lumière pure.

Israël a résisté à Rome parce que son Dieu, bien qu'immatériel, était un souverain temporel au niveau de l'Empereur, et c'est grâce à cela que le christianisme a pu naître. La religion d'Israël n'était pas assez élevée pour être fragile et, grâce à cette solidité, elle a pu protéger la croissance de ce qui est le plus élevé.

Il était nécessaire qu'Israël ignorât l'idée de l'Incarnation pour que la Passion fût possible. Rome aussi (ce furent peut-être les deux seuls peuples à l'ignorer). Mais il fallait pourtant qu'Israël eût quelque part à Dieu. Toute la part possible sans spiritualité ni surnaturel. Religion exclusivement collective. C'est par cette ignorance, par ces ténèbres qu'il fut le peuple élu. Ainsi peut-on comprendre la parole d'Isaïe : « J'ai endurci leur cœur pour qu'ils n'entendent pas ma parole. »

C'est pour cela que tout est souillé de péché dans Israël, parce qu'il n'y a rien de pur sans participation à la divinité incarnée, et pour que le manque d'une telle participation fût manifeste.

La grande souillure n'est-elle pas la lutte de Jacob avec l'ange : « L'Éternel... fera justice de Jacob selon ses œuvres. Dès le sein maternel, il supplanta son frère et, dans sa virilité, il triompha d'un Dieu. Il lutta contre un ange et fut vainqueur, et celui-ci pleura et demanda grâce... »

N'est-ce pas le grand malheur, quand on lutte contre Dieu, de n'être pas vaincu ?

. . .

Israël. Tout est souillé et atroce, comme à dessein, à partir d'Abraham inclusivement (sauf quelques prophètes). Comme pour indiquer tout à fait clairement : Attention ! là c'est le mal !

Peuple élu pour l'aveuglement, élu pour être le bourreau du Christ.

Les Juifs, cette poignée de déracinés a causé le déracinement de tout le globe terrestre. Leur part dans le christianisme a fait de la chrétienté une chose déracinée par rapport à son propre passé. La tentative de réenracinement de la Renaissance a échoué parce qu'elle était d'orientation antichrétienne. La tendance des « lumières », 1789, la laïcité, etc., ont accru encore infiniment le déracinement par le mensonge du progrès. Et l'Europe déracinée a déraciné le reste du monde par la conquête coloniale. Le capitalisme, le totalitarisme font partie de cette progression dans le déracinement ; les antisémites, naturellement, propagent l'influence juive. Mais avant qu'ils déracinent par le poison, l'Assyrie en Orient, Rome en Occident avaient déraciné par le glaive.

Le christianisme primitif a fabriqué le poison de la notion de progrès par l'idée de la pédagogie divine formant les hommes pour les rendre capables de recevoir le message du Christ. Cela s'accordait avec l'espoir de la conversion universelle des nations et de la fin du monde comme phénomènes imminents. Mais aucun des deux ne s'étant produit, au bout de dix-sept siècles on a prolongé cette notion de progrès au-delà du moment de la Révélation chrétienne. Dès lors elle devait se retourner contre le christianisme.

Les autres poisons mélangés à la vérité du christianisme sont d'origine juive. Celui-là est spécifiquement chrétien.

La métaphore de la pédagogie divine dissout la destinée individuelle, qui seule compte pour le salut, dans celle des peuples.

Le christianisme a voulu chercher une harmonie dans l'histoire. C'est le germe de Hegel et de Marx. La notion d'histoire comme continuité dirigée est chrétienne.

Il me semble qu'il y a peu d'idées plus complètement fausses. Chercher l'harmonie dans le devenir, dans ce qui est le contraire de l'éternité. Mauvaise union des contraires.

L'humanisme et ce qui s'est ensuivi n'est pas un retour à l'Antiquité, mais un développement de poisons intérieurs au christianisme.

C'est l'amour surnaturel qui est libre. En voulant le forcer, on lui substitue un amour naturel. Mais, inversement, la liberté sans amour surnaturel, celle de 1789 est tout à fait vide, une simple abstraction, sans aucune possibilité d'être jamais réelle.

L'HARMONIE SOCIALE

À l'égard d'un ordre quelconque, un ordre supérieur, donc infiniment au-dessus, ne peut être représenté dans le premier que par un infiniment petit. Le grain de sénevé, l'instant, image de l'éternité, etc.

Point de contact entre le cercle et la droite (tangente). C'est cette présence de l'ordre supérieur dans l'ordre inférieur sous forme d'un infiniment petit.
   Le Christ est le point de tangence entre l'humanité et Dieu.

La discrétion, le caractère infinitésimal du bien pur...

L'équilibre est la soumission d'un ordre à un autre, ordre transcendant au premier et présent dans le premier sous la forme d'un infiniment petit.
   Ainsi une royauté véritable serait la cité parfaite.
   Chacun, dans la société, est l'infiniment petit qui représente l'ordre transcendant au social et infiniment plus grand.

Il faudrait que l'amour du citoyen pour la cité, du vassal pour le seigneur, fût amour surnaturel.

L'équilibre seul détruit, annule la force. L'ordre social ne peut être qu'un équilibre de forces.
   Comme on ne peut attendre qu'un homme qui n'a pas la grâce soit juste, il

faut une société organisée de telle sorte que les injustices se punissent les unes les autres en une oscillation perpétuelle.

L'équilibre seul anéantit la force.

Si on sait par où la société est déséquilibrée, il faut faire ce qu'on peut pour ajouter du poids dans le plateau trop léger. Quoique le poids soit le mal, en le maniant dans cette intention, peut-être ne se souille-t-on pas. Mais il faut avoir conçu l'équilibre et être toujours prêt à changer de côté comme la justice, « cette fugitive du camp des vainqueurs ».

Sens du fameux passage du *Gorgias* sur la géométrie. Aucun développement illimité n'est possible dans la nature des choses ; le monde repose tout entier sur la mesure et l'équilibre, et il en est de même dans la cité. Toute ambition est démesure, absurdité.
(en grec dans le texte)
Ce que l'ambitieux oublie totalement, c'est la notion de rapport.

Peuple stupide à qui ma puissance m'enchaîne,
  Hélas ! mon orgueil même a besoin de tes bras.

Le lien féodal, en faisant de l'obéissance une chose d'homme à homme, diminue de beaucoup la part du gros animal.
  Mieux encore la loi.
  Il faudrait n'obéir qu'à la loi ou à un homme. C'est presque le cas des ordres monastiques. Il faudrait bâtir la cité sur ce modèle.
  Obéir au seigneur, à un homme, mais nu, paré de la majesté seule du serment, et non d'une majesté empruntée au gros animal.

Une société bien faite serait celle où l'État n'aurait qu'une action négative, de l'ordre du gouvernail : une légère pression au moment opportun pour compenser un commencement de déséquilibre.

Le sens du *Politique* de Platon, c'est que le pouvoir doit être exercé par un milieu social composé de vainqueurs et de vaincus. Mais cela est contre nature, sinon quand les vainqueurs sont des barbares. À cet égard, la victoire des barbares sur les civilisés quand elle n'est pas destructrice, est plus féconde que celle des civilisés sur les barbares.
  La technique, qui met du même côté la force et la civilisation, rend ces régénérations impossibles. Elle est maudite.

Hors de ces moments de brassage, partager la force entre les forts et les faibles n'est possible qu'avec l'intervention d'un facteur surnaturel.

Ce qui est surnaturel dans la société, c'est la légitimité sous sa double forme : loi et attribution du plus haut pouvoir. Une monarchie tempérée par des lois pourrait peut-être effectuer le mélange du *Politique*. Mais il ne peut y avoir de légitimité sans religion.

L'obéissance à un homme dont l'autorité n'est pas illuminée de légitimité, c'est un cauchemar.

La seule chose qui puisse faire de la légitimité pure, idée absolument dépourvue de force, quelque chose de souverain, c'est la pensée : cela a toujours été, cela sera toujours.

C'est pourquoi une réforme doit toujours apparaître, soit comme retour à un passé qu'on avait laissé dégrader, soit comme adaptation d'une institution à des conditions nouvelles, adaptation ayant pour objet non pas un changement, mais au contraire le maintien d'un rapport invariant, comme si l'on a le rapport 12/4 et que 4 devienne 5, le vrai conservateur n'est celui qui veut 12/5, mais celui qui de 12 fait 15.

L'existence d'une autorité légitime met de la finalité dans les travaux et les actes de la vie sociale, une finalité autre que la soif de s'accroître (seul motif reconnu par le libéralisme).

La légitimité, c'est la continuité dans le temps, la permanence, un invariant. Elle donne comme finalité à la vie sociale quelque chose qui existe et qui est conçu comme ayant toujours été et devant être toujours. Elle oblige les hommes à vouloir exactement ce qui est.

La rupture de la légitimité, le déracinement quand il n'est pas dû à la conquête, quand il se produit dans un pays par suite de l'abus de l'autorité légitime, suscite inévitablement l'idée obsédante du progrès, car la finalité se tourne alors vers l'avenir.

Le matérialisme athée est nécessairement révolutionnaire, car pour s'orienter vers un bien absolu d'ici-bas, il faut le placer dans l'avenir. On a besoin alors, pour que cet élan soit complet, d'un médiateur entre la perfection à venir et le présent. Ce médiateur est le chef : Lénine, etc. Il est infaillible et parfaitement pur. En passant par lui, le mal devient du bien.

Il faut ou être ainsi, ou aimer Dieu, ou se laisser ballotter par les petits maux et les petits biens de la vie quotidienne.

Le lien entre le progrès et le bas niveau (parce que ce qu'une génération peut poursuivre à partir du moment où la précédente s'est arrêtée est nécessairement extérieur) est un exemple de la parenté entre la force et la bassesse.

La grande erreur des marxistes et de tout le XIXe siècle a été de croire qu'en marchant tout droit devant soi, on a monté dans les airs.

L'idée-athée par excellence est l'idée de progrès, qui est la négation de la preuve ontologique expérimentale, car elle implique que le médiocre peut de lui-même produire le meilleur. Or toute la science moderne concourt à la destruction de l'idée du progrès. Darwin a détruit l'illusion du progrès interne qui se trouvait dans Lamarck. La théorie des mutations ne laisse subsister que le hasard et l'élimination. L'énergétique pose que l'énergie se dégrade et ne monte jamais, et cela s'applique même à la vie végétale et animale.

La psychologie et la sociologie ne seront scientifiques que par un usage analogue de la notion d'énergie, usage incompatible avec toute idée de progrès, et alors elles resplendiront de la lumière de la vraie foi.

L'éternel seul est invulnérable au temps. Pour qu'une oeuvre d'art puisse être admirée toujours, pour qu'un amour, une amitié puissent durer toute une vie (même durer purs toute une journée peut-être), pour qu'une conception de la condition humaine puisse demeurer la même à travers les multiples expériences et les vicissitudes de la fortune - il faut une inspiration qui descende de l'autre côté du ciel.

Un avenir tout à fait impossible, comme l'idéal des anarchistes espagnols, dégrade beaucoup moins, diffère beaucoup moins de l'éternel qu'un avenir possible. Il ne dégrade même pas du tout, sinon par l'illusion de la possibilité. S'il est conçu comme impossible, il transporte dans l'éternel.

Le possible est le lieu de l'imagination, et par suite de la dégradation. Il faut vouloir ou ce qui précisément existe ou ce qui ne peut pas du tout exister, mieux encore les deux. Ce qui est et ce qui ne peut pas être sont l'un et l'autre hors du devenir. Le passé, quand l'imagination ne s'y complaît pas - au moment où quelque rencontre le fait surgir dans sa pureté - est du temps à couleur d'éternité. Le sentiment de la réalité y est pur. C'est là la joie pure. C'est là le beau. Proust.

Le présent, nous y sommes attachés. L'avenir, nous le fabriquons dans notre imagination. Seul le passé, quand nous ne le refabriquons pas, est réalité pure.

Le temps, par son cours, use et détruit ce qui est temporel. Aussi y a-t-il plus d'éternité dans le passé que dans le présent. Valeur de l'histoire bien comprise, analogue à celle du souvenir dans Proust. Ainsi le passé nous présente quelque chose qui est à la fois réel et meilleur que nous, et qui peut nous tirer vers le haut, ce que l'avenir ne fait jamais.

• • •

Passé : du réel, mais absolument hors de notre portée, vers quoi nous ne pouvons faire un pas, vers quoi nous pouvons seulement nous orienter pour qu'une émanation de cela vienne à nous. Par là, c'est l'image par excellence de la réalité éternelle, surnaturelle.

Est-ce pour cela qu'il y a joie et beauté dans le souvenir comme tel ?

D'où nous viendra la renaissance, à nous qui avons souillé et vidé tout le globe terrestre ?

Du passé seul, si nous l'aimons.

Les contraires. Aujourd'hui, on a la soif et l'écoeurement du totalitarisme, et presque chacun aime un totalitarisme et en hait un autre.

Y a-t-il toujours identité entre ce qu'on aime et ce qu'on hait ? Ce qu'on hait, éprouve-t-on toujours le besoin de l'aimer sous une autre forme, et inversement ?

L'illusion constante de la Révolution consiste à croire que les victimes de la force étant innocentes des violences qui se produisent, si on leur met en main la force, elles la manieront justement. Mais sauf les âmes qui sont assez proches de la sainteté, les victimes sont souillées par la force comme les bourreaux. Le mal qui est à la poignée du glaive est transmis à la pointe. Et les victimes, ainsi mises au faîte et enivrées par le changement, font autant de mal ou plus, puis bientôt retombent.

Le socialisme consiste à mettre le bien dans les vaincus, et le racisme, dans les vainqueurs. Mais l'aile révolutionnaire du socialisme se sert de ceux qui, quoique nés en bas, sont par nature et par vocation des vainqueurs, et ainsi elle aboutit à la même éthique.

Le totalitarisme moderne est au totalitarisme catholique du XIIe siècle ce qu'est l'esprit laïque et franc-maçon à l'humanisme de la Renaissance. L'humanité se dégrade à chaque oscillation. Jusqu'où cela ira-t-il ?

Après l'écroulement de notre civilisation, de deux choses l'une : ou elle périra tout entière comme les civilisations antiques, ou elle s'adaptera à un monde décentralisé.

Il dépend de nous, non pas de briser la centralisation (car elle fait automatiquement boule de neige jusqu'à la catastrophe), mais de préparer l'avenir.

Notre époque a détruit la hiérarchie intérieure. Comment laisserait-elle subsister la hiérarchie sociale qui n'en est qu'une image grossière ?

Tu ne pourrais pas être née à une meilleure époque que celle-ci où on a tout perdu.

MYSTIQUE DU TRAVAIL

Le secret de la condition humaine, c'est qu'il n'y a pas d'équilibre entre l'homme et les forces de la nature environnantes qui le dépassent infiniment dans l'inaction ; il n'y a équilibre que dans l'Action par laquelle l'homme recrée sa propre vie dans le travail.

La grandeur de l'homme est toujours de recréer sa vie. Recréer ce qui lui est donné. Forger cela même qu'il subit. Par le travail, il produit sa propre existence naturelle. Par la science, il recrée l'univers au moyen de symboles. Par l'art il recrée l'alliance entre son corps et son âme (*cf.* le discours d'Eupalinos). Remarquer que chacune de ces trois choses est quelque chose de pauvre, de vide, et de vain, prise en soi et hors du rapport avec les deux autres. Union des trois : culture ouvrière (tu peux toujours attendre)...

Platon lui-même n'est qu'un précurseur. Les Grecs connaissaient l'art, le sport, mais non pas le travail. Le maître est esclave de l'esclave en ce sens que l'esclave *fabrique* le maître.

Deux tâches :
Individualiser la machine
Individualiser la science (vulgarisation, une université populaire à forme socratique concernant les fondements des métiers).

Travail manuel. Pourquoi n'y a-t-il jamais eu un mystique ouvrier ou paysan qui ait écrit sur l'usage du dégoût du travail ? Ce dégoût qui est si souvent là, toujours menaçant, l'âme le fuit et cherche à se le dissimuler par réaction végétative. Il y a danger de mort à se l'avouer. Telle est la source du mensonge propre aux milieux populaires. (Il y a un mensonge propre à chaque niveau.)

Ce dégoût est le fardeau du temps. Se l'avouer sans y céder fait monter.

Le dégoût sous toutes ses formes est une des misères les plus précieuses qui soient données à l'homme comme échelle pour monter. J'ai une très large part à cette faveur.

Tourner tout dégoût en dégoût de soi...

La monotonie est ce qu'il y a de plus beau ou de plus affreux. De plus beau si c'est un reflet de l'éternité. De plus affreux si c'est l'indice d'une perpétuité sans changement. Temps dépassé ou temps stérilisé.

Le cercle est le symbole de la belle monotonie, l'oscillation pendulaire de la monotonie atroce.

Spiritualité du travail. Le travail fait éprouver d'une manière harassante le phénomène de la finalité renvoyée comme une balle ; travailler pour manger, manger pour travailler... Si l'on regarde l'un des deux comme une fin, ou l'un et l'autre pris séparément, on est perdu. Le cycle contient la vérité.

Un écureuil tournant dans sa cage et la rotation de la sphère céleste. Extrême misère et extrême grandeur.

C'est quand l'homme se voit comme un écureuil tournant dans une cage circulaire, que, s'il ne se ment pas, il est proche du salut.

La grande douleur du travail manuel, c'est qu'on est contraint de faire effort de si longues heures, simplement pour exister.

L'esclave est celui à qui il n'est proposé aucun bien comme but de ses fatigues, sinon la simple existence.

Il doit alors ou être détaché ou tomber au niveau végétatif.

Nulle finalité terrestre ne sépare les travailleurs de Dieu. Ils sont seuls dans cette situation. Toutes les autres conditions impliquent des fins particulières qui font écran entre l'homme et le bien pur. Pour eux, un tel écran n'existe pas. Ils n'ont pas quelque chose en trop dont ils doivent se dépouiller.

Faire effort par nécessité et non pour un bien - poussé, non attiré - pour maintenir son existence telle qu'elle est - c'est toujours servitude.

En ce sens, la servitude des travailleurs manuels est irréductible.

Effort sans finalité.

C'est terrible - ou plus beau que tout - si c'est finalité sans fin. Le beau seul permet d'être satisfait de ce qui est.

SIMONE WEIL

Les travailleurs ont besoin de poésie plus que de pain. Besoin que leur vie soit une poésie. Besoin d'une lumière d'éternité.
Seule la religion peut être la source de cette poésie.
Ce n'est pas la religion, c'est la révolution qui est l'opium du peuple.
La privation de cette poésie explique toutes les formes de démoralisation.

L'esclavage, c'est le travail sans lumière d'éternité, sans poésie, sans religion.
Que la lumière éternelle donne, non pas une raison de vivre et de travailler, mais une plénitude qui dispense de chercher cette raison.
À défaut de cela, les seuls stimulants sont la contrainte et le gain. La contrainte, ce qui implique l'oppression du peuple. Le gain, ce qui implique la corruption du peuple.

Travail manuel. Le temps qui entre dans le corps. Par le travail l'homme se fait matière comme le Christ par l'Eucharistie. Le travail est comme une mort.

Il faut passer par la mort. Il faut être tué, subir la pesanteur du monde. L'univers pesant sur les reins d'un être humain, quoi d'étonnant qu'il ait mal ?
Le travail est comme une mort s'il est sans stimulant. Agir en renonçant aux fruits de l'action.
Travailler - si l'on est épuisé, c'est devenir soumis au temps comme la matière. La pensée est contrainte de passer d'un instant à l'instant suivant sans s'accrocher au passé ni à l'avenir. C'est là obéir.

Des joies parallèles à la fatigue. Des joies sensibles. Manger, se reposer, les plaisirs du dimanche... Mais non pas l'argent.
Nulle poésie concernant le peuple n'est authentique si la fatigue n'y est pas, et la faim et la soif issues de la fatigue.

FIN

Copyright © 2019 by FV Éditions
ISBN 979-10-299-0776-0
Image de la couverture : pixabay.com
Tous Droits Réservés

www.ingramcontent.com/pod-product-compliance
Lightning Source LLC
LaVergne TN
LVHW091544070526
838199LV00002B/204